中公新書 2284

将基面貴巳著

言論抑圧

矢内原事件の構図

中央公論新社刊

目次

言論抑圧——矢内原事件の構図

序章　矢内原事件とマイクロヒストリー

事件はなぜ、どのように生起したのか

一九三七年（昭和一二）一二月二日のことである。『東京朝日新聞』夕刊の第二面の中央に次の見出しが躍った。

矢内原《やないはら》帝大教授
　辞表を提出す
　　事変下初の筆禍事件

自分の一連の公的言動が大学と同僚に「迷惑をかけた」との理由で矢内原忠雄《ただお》が東京帝国大学教授を辞職したこの事件は、「矢内原事件」として人口に膾炙《かいしゃ》している。七月に日中戦争（日華事変）が勃発《ぼっぱつ》し、前年の日独防共協定に続き一一月には日独伊三国防共協定が締結されたこの年、対外的事態の展開を受けて、大学人・言論人には時局に関する発言の「自粛」が求めら

れていた。

矢内原事件に先立つ大正から昭和初期にかけての一時期は、マルクス主義の立場にあった学者やリベラルな研究者たちが次々とやり玉に挙がり、休職処分になったり辞職に追い込まれた時代であった。一九二〇年（大正九）の森戸《もりと》事件や三三年（昭和八）の滝川《たきがわ》事件は、矢内原事件と並んで有名なものである。森戸事件は、東京帝国大学経済学部の助教授だった森戸辰男《たつお》が無政府主義者として知られるクロポトキンの社会思想について論文を発表したところ、新聞紙法第四二条朝憲紊乱《びんらん》の項に抵触するとして、休職処分となった事件である。

他方、滝川事件は、京都帝国大学法学部教授だった滝川幸辰《ゆきとき》の著書『刑法読本』が問題視され、文部省が滝川を休職処分とした事件である。こののち、天皇機関説で有名な憲法学者美濃《みの》部達吉《べたつきち》が不敬罪で告発（一九三五年二月）され、矢内原事件以後では、たとえば、ファシズムを批判した東京帝大教授河合栄治郎《かわいえいじろう》が休職処分（一九三九年一月）となり、古代日本史研究で有名な津田左右吉《つだそうきち》はその著作が問題視され、早稲田大学教授を辞職、著作は発禁処分となった。

一般に、矢内原事件は、これら戦前・戦中の当局による言論抑圧（ことに帝大粛正運動）の一環として、近代日本史の暗黒面を象徴するものとされている。

このように日本史の一断面を語れば、ことは簡単に聞こえよう。実際、日本史の標準的な概説書では、矢内原事件にせよ滝川事件にせよ、戦時下日本における言論抑圧事件として、ほんの一、二行で片付けられてしまうものである。

しかし、目の前の現実として発生する権力による言論抑圧とは、権力という「悪」が、「善」としての言論人に力で沈黙を強いる事態だといって済ませられるほど、平板かつ明白なものではない。

たとえば、矢内原事件は、先の新聞報道を見る限り、矢内原が、大学に「迷惑をかけた」という理由で、辞職した事件である。すなわち、騒ぎを起こしたのは明らかに矢内原のほうであって、当時の政治権力ではない。ところが、現代の時点での歴史叙述においては、矢内原が言論抑圧の被害者として書かれるのが一般的である。これでは、現在における歴史的把握と、矢内原事件当時の報道の内容とは、ほとんど正反対であるといってもよいではないか。

矢内原忠雄（1893－1961）

そもそも、同時代を生きた人間にとって、矢内原の言論がはたして大学に「迷惑をかけた」のか、実際に「迷惑」だったとしたらそれはどのように「迷惑」だったか、見る人によって意見はさまざまだったはずである。今日の視点からすれば、言論抑圧に荷担した人々は、往々にして「悪役」として描かれるものであろう。だが、彼らは、等しく悪意を抱いていたのだろうか。彼らは彼らなりに、職務に忠実で、キャリア上の野心や愛国心、正義感に駆られながら仕事に取り組んだのではなかろうか。

多くの人々が、それぞれ異なった環境で、おのおの別の思惑を持ちつつ、発言・行動する中から、その時々の政治社会的状況は形成されてゆくのである。人によって意図するところは十人十色であり、しかも、彼らの発言や行動がどのような結果を招来するかは、その当事者たちにとってもまったく未知だったに違いない。ならば、矢内原事件も、そうした複雑な絡み合いの中から、たまたま、矢内原忠雄という一個人にとっては、ひとつの大きな試練として生起したと考えることができよう。

矢内原事件は、なぜ、どのようにして発生したのか。そして、その事件はいかなる出来事として当時の日本社会において理解されたのか。本書の目的は、その全体像を歴史的に「復元」(より厳密には「再構成」)することである。

具体的には次のような一連の問題に答えることを試みたい。

まず、矢内原が筆禍事件に巻き込まれた経緯は、どのようなものだったのか。時の権力のいったい誰が矢内原を危険視したのか。そもそも、矢内原を当局が監視するようになったのはなぜなのか。矢内原の思想の何がどのように問題視されたのか。

一方、矢内原の言論活動は彼の言葉を活字にした出版界の協力なくしてはありえなかった。では、矢内原の言論活動を支えたのはどういった出版社・出版人たちだったのか。また、当時の出版界は当局からどんな圧力を受けていたのか。

さらに、矢内原事件は直接的には東京帝国大学を舞台にした出来事であったが、矢内原が辞職に至るまでに、どういった経緯が存在したのか。東京帝大経済学部において、矢内原はどのような立場にあったのか。そして、東京帝大の誰がどんな形で矢内原の辞職に影響を及ぼしたのか。

しかし、これら一連の問題は、いわば水面下の出来事である。国民一般にとっては、矢内原事件は矢内原の東京帝大辞職が広く報道されてはじめて明らかになった、寝耳に水の出来事であったに違いない。矢内原事件は、各界においてどれほどの反響を引き起こしたのであろうか。

以上のような一連の問題に解答するとき、矢内原事件が複雑な政治闘争のメカニズムの所産であり、また、その事件は発生当時、今日の理解とは異なった、さまざまな形で把握されたことが明らかになるであろう。

研究対象としての矢内原事件

だが、なぜ矢内原事件、なのか。

その理由は大別してふたつある。

ひとつは、戦前・戦中の大学人に対する言論抑圧事件の中で、矢内原事件は特異な位置を占めるということである。滝川事件、天皇機関説事件や津田左右吉事件に共通するのは、いずれも学者の専門的研究の内容が問題化したことに端を発している。これとは対照的に、矢内原事件は、学問的研究内容の是非が問われたのではなく、矢内原のジャーナリズムにおける公的発言が問題化したところに発生した事件であった。

学者たちが専門的研究の真偽をめぐって議論を戦わせる大学の壁の内側に、時の政治権力が泥靴でズカズカ介入する事態は、明白に学問の自由をめぐる問題である。しかし、大学人が象牙《ぞうげ》の塔を出て、公の場で政府批判を行う場合、そのような公的発言（それを英語では extramural speech というが、文字どおりには「壁の外側での発言」を意味する）が問題化することで、発言者の大学における職位が危うくなるという事態はいささか微妙かつ複雑である。すなわち、滝川事件や天皇機関説事件などと異なり、矢内原事件は時の政治権力への抵抗の結果として生じたのである。この点で、矢内原事件は、戦前・戦中の大学人に対する言論抑圧事件の一環として、単純にひとくくりにはできない一面を持っている。

本書で、矢内原事件を取り扱うもうひとつの理由は、滝川事件や天皇機関説事件などが本格的な研究の対象となっているのとは対照的に、矢内原事件は近現代日本史上、比較的知られているわりには、その事件の全貌《ぜんぼう》についての研究がいまだに皆無だからである。

矢内原のキリスト教信仰上の弟子にあたる大河原礼三は、『矢内原事件五〇年』（木鐸社、一九八二年）を発表したが、これは、「矢内原事件」に関連する資料を編集したものであって、事件に関する研究ではない。また、大河原は、藤田若雄編著『内村鑑三《うちむらかんぞう》を継承した人々——十五年戦争と無教会二代目』（木鐸社、一九七七年）に、矢内原に関する論考を寄せ、戦時下における矢内原の非戦的言論を分析している。これはすぐれた思想史的研究であるが、しかし、矢内原事件について、その輪郭を描くことを試みてはいない。

矢内原忠雄に関する評伝としては長男伊作《いさく》による『矢内原忠雄伝』（みすず書房、一九九八年）が、最も信頼のおける作品として知られている。ところが、残念なことに、この本格的な評伝は、矢内原事件直前までの記述で未完のままに終わっている。そのほか、藤田若雄や西村秀夫による評伝も存在するが、いずれも矢内原事件を論じるにあたって、矢内原自身の回想や、東京帝大経済学部の同僚大内兵衛《おおうちひょうえ》による証言など、ごく限られた少数の資料を基にしている。すなわち、矢内原事件を、矢内原本人またはその親しい友人の視点からしか、語っていないわけである。

矢内原事件について、本書執筆の時点で読むことのできる最も詳細な日本語の文献としては、近代日本政治史研究者の竹中佳彦の『日本政治史の中の知識人』があるが、それも矢内原や大内の回想に大きく依存した考察である点では同様である。

また、東京大学の公式な歴史には、矢内原事件が当然のことながら登場するが、あくまでも東京帝国大学経済学部内部の事柄として言及され、政府当局や矢内原に発言の場を提供した出版社について語られることはない。この点では、ジャーナリスト立花隆による詳細な矢内原事件論を含む『天皇と東大』の視角もまったく同じである。

要するに、これまでのどの歴史叙述も、矢内原事件のある一断面を語っているにすぎないのである。だが、それは矢内原事件が歴史書のたかだか数ページを割く以上の価値がないものだからなのであろうか。

確かに矢内原事件は昭和史の小さなひとコマにすぎない。一九三七年（昭和一二）一二月前後のわずか数ヵ月の出来事に関するものでしかない。このような小さな過去の出来事を、あたかも顕微鏡を覗《のぞ》き込むかのように、詳しく検討することは、好事家《こうずか》の道楽だと見なす向きがあるかもしれない。

しかし、事実の理解は、視点の取り方によって大きく異なりうる。「木を見て森を見ず」という言葉には一理あるが、その一方で、「森」を見ていては、その中の一本の「木」をひとつの全体として適切に理解することはできない。そして、その一本の「木」を理解することは、それ自体として重要でありえるし、さらに、その「木」を理解しなければ、「森」を把握することができないかもしれない。それと同様に、マクロの視点では見えにくい事柄が、ミクロの視点で検討してはじめて明らかになることもある。すなわち、知識の妥当性は、知識の対象を認識する遠近法にかかっているのである。

マイクロヒストリーの試み

一見、取るに足りない出来事の詳細に光を当てる歴史学の分野を「マイクロヒストリー」という。二〇世紀後半に、社会学や人類学、女性学などの影響の下に新しい歴史分析と叙述形態が簇生《そうせい》したが、こうした新しい歴史学、いわゆる「ニューヒストリー」の一分野としてマイクロヒストリーも誕生した。この比較的歴史の浅い学問分野の特徴のひとつは、空間的にも時間的にもごく限られた歴史的出来事を精密に詳しく調査することで、そうした事象の背後にある人々の一般的な心性《メンタリティ》を解明する点にある。

一九六〇年代以降、人類学的なアプローチを歴史学が導入するようになって以来、特にアメリカの人類学者クリフォード・ギアーツによる方法論的論考に触発されて、歴史学では、過去の事象をあたかも顕微鏡を覗き込むかのごとくに、どのような些細《ささい》なことも細大漏らさず記述するアプローチが生まれた。ナタリー・ジーモン・デーヴィスやカルロ・ギンズブルグ、そしてエマニュエル・ル・ロワ・ラデュリのような歴史家たちは、こうして過去の一般庶民の心性を生き生きと描出することに成功してきた。

すなわち、従来、歴史的にはほとんど無価値と思われてきたような、ある無名の個人に関する歴史資料を丹念に読み込み、その資料に記録されている個人の言行からその個人やその人物を取り巻く社会で一般的に通用していたものの考え方を探り当てる。こうして、ある資料に見られる特定の無名の人々のものの考え方、感じ方を当時の文化一般のミクロコスモスとして把握することで、その時代の心性を明らかにするのである。

マイクロヒストリー的な手法は最近では現代史にも応用され、ドキュメンタリー・タッチの作品をも生み出している。たとえば、ヨアヒム・フェストはヒトラーが地下壕《ごう》の中で過ごした最期の一二日間の生活の様子を細大漏らさず描き、第三帝国がその権力中枢部において崩壊してゆくプロセスを明らかにした。この作品は、『ヒトラー 最期の十二日間』というタイトルで邦訳され、さらに映画化もされたのでおなじみの読者も多いことだろう。

フェストの作品のようなマイクロヒストリーは、先に述べた人類学的な方法に端を発するそれと異なり、時代の心性を描くのではなく、事実関係の仔細《しさい》な描出それ自体を目的としている。すなわち、無名の個人の歴史ではなく、第三帝国の崩壊という世界史を揺るがした（したがってそれを研究することの重要さが自明であるような）大事件を取り扱っている。

しかし、その大事件をマクロの視点で捉《とら》えるのではなく、あえて、わずか「最期の十二日間」に起こった事柄を詳細に描くことで第三帝国の崩壊を生身の人間のドラマとして再現している点に独創性があった。

こうしてみると本書は、マイクロヒストリー的なアプローチを用いるとはいえ、これまで述べたふたつのタイプのどちらとも異なっている。すなわち、ここで矢内原事件を、当時の日本の精神状況や心性のミクロコスモスとして描こうとしているわけではない。また、矢内原事件を詳細に描くといっても、その事件自体は近現代日本史における小さなひとコマでしかない。

争点となった思想的諸問題

本書では、以上のふたつのアプローチとは異なる、「もうひとつ」のマイクロヒストリーを試みたい。すなわち、本書が目指しているのは、矢内原事件という歴史的には比較的小さな事件を詳細に描出することで、生身の人間の政治闘争に肉薄するとともに、そこで争点となっていた思想的諸問題をあぶり出すことにある。そうした思想的問題とは、時代状況を異にするとはいえ、現代においても論争の対象となりうる問題であるからである。

過去は、それ自体としては二度と繰り返されない。しかし、過去から何かを学ぶことが可能であるとすれば、そのひとつの方法は、過去のある時点という状況において、現代においても問題たりうる論点がどのように論じられ、どのような解決が試みられたかを学ぶことではないだろうか。それは、ある思想的問題が現実において、どのように立ち現れるのかについてのいわばひとつのシミュレーションを体験することといってもよいだろう。その意味で、歴史学研究の現代的意義とは、ひとつには、そうした思想的問題の所在を示すことにあると考える。

本書が、矢内原事件を仔細に解剖することで摘出しようとしている思想的問題はふたつある。その第一は愛国心の問題であり、第二は学問の自由と大学の自治という論点である。どちらも、現代日本にとって無縁な問題ではないどころか、特に愛国心は、今世紀に入って以来、論壇を賑《にぎ》わせている話題である。

これに加えて第三の問題として取り上げたいのは、あるひとつの過去の事件を、相対的に大きな歴史的流れの中に位置づけて捉える場合と、その事件がその当事者にとってどのように理解されていたかを歴史的に再構成する場合との間に生じる認識のズレである。すなわち、矢内原事件のように、後世の歴史家によって学問の自由や大学の自治への抑圧の一環として語られる事態は、それが実際に進行しているさなかに生きている個人には必ずしもそのような現象としては理解されなかった。

矢内原事件の当事者や、当事者に身近な人の間ですら、認識が多様だったという事実は、次の問題を示唆する。すなわち、事件の当事者ではない一般の人々の立場から見たとき、矢内原事件のような言論抑圧現象はどのように見えたのか、という問題である。こうした諸問題を、具体的な歴史的状況の分析から導きだし読者の前に提示することが、本書の終章における課題である。

そうした思想的問題の所在を示すのに先立ち、以下の論述は、矢内原忠雄が、当時の政治社会状況に言論活動を通じて応答した結果、出版界や大学におけるどのような政治力学の作用を通じて、辞職に追い込まれたのかを追跡する。

具体的には、第一章で、矢内原の言論人としての活動に焦点をあてる。矢内原が日本政府の好戦的な政策に対してどのように批判を展開したのか、そしてその結果、どのように窮地に立たされることとなったのか、矢内原やその身辺の人々の視点から描いてみたい。

第二章では、矢内原の言論活動を支えた人々、および矢内原にとっての反対勢力に目を移したい。矢内原が言論人として活動するためには、出版界の支持が必要であった。なかでも中央公論社は、月刊雑誌『中央公論』で矢内原に限らず、政府批判を展開する言論人に発言の機会を提供したために、政府当局からいくたびとなく圧力を受けた。その言論抑圧の実態を、編集者たちの回顧録に基づき紹介したい。

次に、視点を政府当局に移し、特に文部省がどのように言論統制を敷いたのかを検討する。ここで特に注目に値するのは、文部省の事務次官伊東延吉《いとうのぶきち》の果たした役割である。さらに、矢内原事件の場合、右翼思想家によるメディアを通じての非難キャンペーンが矢内原を窮地に陥れるうえで重要な役割を果たした。国家主義のイデオローグ蓑田胸喜《みのだむねき》が矢内原をどのように批判したのか、その内容を紹介したい。

第三、四章ではいよいよ、矢内原事件の主要舞台、東京帝国大学経済学部に目を移す。当時の経済学部は教授間の派閥抗争が猖獗《しょうけつ》を極めていた。その実態についてはいくつかのすぐれた先行研究があるが、ここでは特に東京帝国大学総長長与又郎《ながよまたろう》の視点から、派閥抗争がどのように矢内原を辞職に追い込むに至ったのかを、詳しく検討してみたい。

そして、第五章では、矢内原辞職が当時どのように人々によって理解・解釈されたのかを紹介する。事件が公に報道されて二週間後には、反ファッショ戦線を作ろうとしているとの嫌疑で、いわゆる非共産党系のマルクス主義の立場に立つ労農派の幹部ら、およそ四〇〇名が検挙された（人民戦線事件）。その翌年二月には労農派の「教授グループ」およそ三〇名が検挙された（教授グループ事件）。これと同年、荒木貞夫《あらきさだお》文部大臣の大学改革案が大学の自治にとって大きな脅威となりつつあるという状況の下で、矢内原事件も振り返られ、評価された。

矢内原事件発生後、数ヵ月の間にそれがどのような意味を持つものとして人々に理解されたのか。それを明らかにすることによって、矢内原事件は、言論抑圧事件の一環であるという今日の一般的な理解と異なったさまざまな形で、当時の人々によって理解・解釈されていたことが明瞭《めいりょう》となろう。

本書では、矢内原忠雄を一人のヒーローとして描いたり、当時の政府高官や右翼言論人を、顔の見えない「悪」の勢力として一色に塗りつぶすことを意図してはいない。自分が立っている場所が変われば、目に入る景色も千差万別でありうるように、同じ状況に直面していても、置かれている立場が変われば、その状況はまた異なった相貌を見せることになろう。矢内原事件に登場する各人の主観的意図をできるだけ再現することを試みたつもりである。その結果、矢内原事件のクライマックスにおいて、「主人公」は必ずしも矢内原忠雄ではなかったことも明らかとなるであろう。

愛国心をめぐって、どのような見解が対立していたのか。大学人や知識人によって、大学の自治がいかなる危機にあると認識されたのか。そして、言論抑圧事件として今日理解される一連の出来事が、それがまさに現在進行形で事件の当事者や目撃者によって語られる際には、どれほどさまざまに異なった形で把握されるものなのか、あるいはなかなか把握されにくいものなのか。

こうした諸問題に関して、読者が、以下の論述から、現代日本との関連においてなんらかの

「考えるヒント」を得ることができれば、本書執筆の目的は果たせたことになろう。

＊

本文中の引用は、読みやすさに配慮して、原則として旧仮名遣いを現代仮名遣いに改めた。引用文中の傍点は特に断らない限り省略した。

第一章　言論人としての矢内原忠雄

1　戦前・戦中の活動と生活

「太った豚になるよりは、痩《や》せたソクラテスになれ」

一九六四年（昭和三九）三月、東京大学総長大河内一男《おおこうちかずお》は、卒業式の訓示でこのように述べたといわれている。東大総長の訓示の中でも、名言の誉れ高い一言である。

しかし、この「名言」は大河内の発明ではなかった。その背景には、大河内が若い時分に所属していた東京帝大経済学部で教授を務めていた矢内原忠雄の一言がある。

一九三七年一二月一日、矢内原忠雄は東京帝大総長に辞表を提出した。翌二日、矢内原は東京帝大経済学部における最終講義を次の一言で結んだと伝えられる。

「私は身体を滅して魂を滅すことのできない者を恐れない。私は誰も恐れもしなければ、憎みも恨みもしない。ただし身体ばかり太って魂の痩せた人間を軽蔑《けいべつ》する。諸君はそのような人間にならないように……」

矢内原教授辞職事件当時、大河内は三二歳、まだ少壮の経済学者であった。

今日、矢内原忠雄は、戦後初期の東大総長としてその名を広く知られている。おそらく、戦前、戦中生まれの読者の中には、矢内原総長の「東大卒業式のことば」を新聞で読まれた方が多いのではなかろうか。

大河内一男（1905－84）

戦後、矢内原は、三顧の礼に応じて東大に復帰し、東大社会科学研究所所長、経済学部長、教養学部長を経て、一九五一年一二月、東大総長に南原繁《なんばらしげる》の後任として選出された。一九五七年一二月まで、最高学府の指導者として学問の世界はもちろん、社会的にもその発言は広く注目を集めた。一九六一年のクリスマスの日に、その生涯を終えるまで、矢内原は戦後日本の思想的リーダーの一人として活躍した。しかし、このように敗戦後の混迷期に日本学界の頂点を極めたのとは裏腹に、矢内原にとって戦前・戦中の日々は波瀾《はらん》と苦難に満ちたものであった。

二人の師、新渡戸稲造と内村鑑三、矢内原の家族関係

矢内原忠雄は、一八九三年（明治二六）一月二七日に愛媛県で、医師の家庭に生を享《う》けた。

教育熱心な父は、成績優秀だった矢内原を兵庫県立神戸中学校に入学させた。一九一〇年、矢内原は、晴れて第一高等学校へと進学する。この年、矢内原は二人の生涯の師と出会いを果たしている。一人は、当時、東京帝国大学法科大学教授との兼任で第一高等学校校長だった新渡《に と》戸稲造《べいなぞう》、もう一人は無教会キリスト教創始者の内村鑑三である。

一九一三年（大正二）に入学した東京帝国大学法科大学では、政治史の吉野作造《よしのさくぞう》と植民政策の新渡戸稲造を除いて、すべての講義に幻滅を抱き、矢内原は学者の道を人生の選択肢から外したようである。一九一七年、大学を卒業すると、住友総本店に入社し、別子《べっし》鉱業所勤務となって、愛媛県新居浜《にいはま》に転居した。また、ちょうどその頃、西永愛子《にしながあいこ》と結婚したから、新居浜時代は矢内原の新婚時代と重なっている。

しかし、三年後には、東京帝国大学からの招聘《しょうへい》を受けて、同経済学部助教授に就任した。植民政策研究のため二年間の留学を命じられ、一九二〇年一〇月から二三年二月まで、イギリスとドイツを中心に、ヨーロッパ各地とアメリカに滞在した。この留学は、大学の授業にマメに出席するというようなものではなく、大英図書館などで自由な読書を楽しみ、専門の学問を超えてヨーロッパ文化の粋を広く学ぶ毎日だったようである。

その間、愛子夫人と二人の息子、伊作と光雄《みつお》は日本に残ったが、不幸なことに、愛子は結核に冒され、矢内原が帰国してひと月足らずの二月二六日に他界した。留学中の矢内原は、愛子に頻繁に手紙を書き送り、妻の手紙を待ち焦がれる毎日を過ごしていたが、次第に、愛子からの返信は数少なくなっていった。愛子は、留学中の夫を心配させまいと自分の健康状態についてまったく書き記さなかったし、また、病状の悪化によって筆を執ることもままならなくなった。矢内原に愛子の健康を案じたふしがないわけではない。

しかし、ロンドンからベルリンへ移転した頃から次第に、愛子が返事をよこさないことに立腹することが多くなり、彼女をなじるような記述をしばしば日記に残している。その一方で、女中のハナというドイツ人女性の優しさに慰めを見出し、彼女に恋愛感情とはいわないまでも、少なからぬ好意を寄せるようになった。ところが、ヨーロッパ滞在を終え、大西洋を渡り、アメリカ大陸を横断したのち、サンフランシスコから出帆した船でようやく横浜に上陸したとき、矢内原を待ち受けていたのは、愛子が重病であるというショッキングな知らせだった。

予定よりやや長い二年三ヵ月にわたった海外留学の間、どれほど愛子のことを矢内原が日々思い続けたか、きわめて率直に内面を吐露した日記が残っているので詳細はそちらに譲る。帰国早々、直面した妻の死に矢内原は「慟哭《どうこく》した」と長男伊作は記している。その悲しみがいかに深かったかは、矢内原がその後、愛子の死について沈黙を守り通したことから推し量ることができる。

ただし、愛子の死が、矢内原と遺児たちを悲惨な自然災害から守ったかのようなめぐり合わせとなった。すなわち、東京帝大の教壇に戻り、研究活動を再開した矢内原は、子供二人を愛子の実家である金沢の西永家にしばらく預けた。そして、子供二人を引き取って、九月一日、汽車で東京へ向かったところ、その鉄道は途中で不通となった。東京を関東大震災が襲ったのである。こうして矢内原と子供たちは被災をかろうじてまぬかれた。
しかし、夫人を失った矢内原にとって、留学帰国直後は「人生におけるもっともグルーミーな時期」であった。このとき、矢内原はまだ三〇歳、経済学者としての第一歩を踏み出そうとしていた矢先であった。

経験科学的な植民政策論

矢内原の公的活動は、翌年一九二四年（大正一三）から急激に活発化する。その第一は、植民政策論の専門家、東京帝国大学教授としての活動である。はやくも海外留学から帰国した翌年に出版された処女作『植民政策講義案』（有斐閣）を手始めに、『植民及植民政策』（有斐閣、一九二六年）、『植民政策の新基調』（弘文堂、一九二七年）、『人口問題』（岩波書店、一九二八年）、『帝国主義下の台湾』（岩波書店、一九二九年）と、毎年のように本格的な研究書を矢継ぎ早に発表した。驚嘆すべき生産性である。

矢内原が東京帝大で主に担当した授業は「植民政策」である。彼の著した学術書もまた植民政策論に関するものであるが、矢内原の研究は既存の植民政策論とは一味違っていた。なぜなら、彼の研究構想は、植民地をどのようにして運営するのかという植民地統治策や技術に関するものではなかったからである。矢内原の研究関心は、むしろ、植民という現象がなぜ、どのようにして起こるのか、そして、植民が本国と植民地にとってどのような意味を持ち、どのような影響を与えるのか、という点にあった。

植民という現象を経験科学的に分析する学風は、しかし、矢内原が政治的に中立であろうとしたことを意味するものではなかった。それどころか、社会的正義の観点からすれば植民地には自主独立の承認が要求される、と矢内原は確信していた。

この意味で『植民及植民政策』の結論部分は、特に矢内原の主張を集約的に表現している。いわく、虐げられた者たちが解放され、自主独立を果たした人々の間に平和的結合が成立することこそが、人類にとっての希望である。そして、このような正義と平和の保障は、アルフレッド・テニスン『イン・メモリアム』によりつつ、「強き神の子不朽の愛」にあると主張している。日本による植民地に対する搾取的支配に批判的な立場を鮮明にしていた。学問的方法にのっとって果たされる経験的認識が明確な価値判断と結びついていた点に、矢内原の学風の個性があったわけである。

無教会キリスト者としての価値判断

矢内原の経験科学的な植民政策論は、政治的には、冷徹なリアリズムと結びついていた。周囲の熱狂に左右されない冷静な事実認識は、その一方で、社会的正義の観点からの価値判断によって支えられていた。しかし、そうした価値判断は、究極的には、矢内原のキリスト教信仰を源泉とするものだったのである。

矢内原は、内村鑑三門下の無教会キリスト者であった。内村鑑三は、いうまでもなく、明治後期から大正、昭和初期にかけて、日本のキリスト教をまったく独自の「無教会主義」によって指導した人物である。

第一高等学校に入学したその翌年、一九一一年（明治四四）に内村の聖書研究集会（家庭集会）への入門を許された。一九一二年から一三年にかけて、母と父を次々と失い、矢内原は深い悲しみに落ちた。そうした時期に無教会の信仰の歩みを矢内原は始め、内村存命中の一九二一年（大正一〇）、二八歳のときに、『基督《キリスト》者の信仰』（聖書之研究社）を出版している。

一九二九年（昭和四）に矢内原自ら家庭集会を発足させているが、矢内原が無教会の指導的存在の一人として本格的に始動したのは三二年からだと見るべきであろう。その年四月から自由ヶ丘の自宅に家庭集会を移転し、同年一一月にキリスト教個人雑誌『通信』を創刊している。

この前後の数年間は、矢内原周辺のキリスト教関係者が次々と亡くなっている。一九三〇年三月に内村が他界し、同年七月内村門下の兄弟子にあたる藤井《ふじい》武《たけし》が死去した。さらに一九三三年一〇月にはクエーカー教徒だった新渡戸稲造がカナダで客死している。矢内原は、新渡戸と信仰を同じくしたわけではなかったが、学生だった時分に第一高等学校校長としての新渡戸によって啓発され、のちに自分が東京帝大で継承した植民政策講座の初代教授も新渡戸だったから、新渡戸の矢内原に対する影響には無視しえないものがある。

当時、矢内原は三〇代後半から四〇代の働き盛りで、東京帝大教授就任後一〇年が経過しようとしていた。時局は戦争勃発直前の「非常時」であり、日々ファッショ化が進んでいた一方で、信仰を楯《たて》に時局と対峙《たいじ》してきたキリスト者三人が次々と他界したことは、同じキリスト者として矢内原に「非常な刺激」を与えた。

こうして奮起した矢内原がまず取り組んだ仕事は『藤井武全集』の編集刊行作業だった。自らの自宅に藤井武全集刊行会を設置し、毎月一冊、全一二巻を世に送り出した。藤井武は東京帝大法科大学を卒業し内務省の地方官だったが、これを辞し、主として『旧約と新約』という個人雑誌を通じて、聖書研究と伝道に専心した人物である。今日では藤井の名は、無教会関係者か日本キリスト教史に関心を持つ人でなければおそらく知らないであろう。矢内原は、信仰を共にする「戦友」として、藤井の信仰の所産を後世に伝えるべく、全集の出版に全力を注いだのだった。

「講壇ジャーナリスト」の先駆者

これまで述べてきたように、戦前・戦中の矢内原は、植民政策学者にして東京帝国大学教授、そして内村門下の峻厳《しゅんげん》な無教会キリスト者として活動したが、これらの顔に加えて、矢内原にはもうひとつ、言論人としての顔があった。

今日、言論界で活発に発言する大学教授はどちらかといえば少数派で、多くは活動の場を学界に限局する傾向がある。昭和初年度においては、総合雑誌上で一般読者向けに、政治経済や社会・文化問題について、大学教授が論説を発表することは今日よりも一般的だったように思われる。これは大正半ばから見られた大学とジャーナリズムの相互浸透の結果である。

矢内原の師、新渡戸稲造や吉野作造は、大学人（「講壇知識人」）がジャーナリズムを活動の場とする「講壇ジャーナリスト」の先駆者である。矢内原もこの例に漏れず、一九二六年（大正一五）に「朝鮮統治方策」を『中央公論』誌上に発表して言論界にデビューを飾って以来、『中央公論』『改造』などの総合雑誌を中心に言論活動を展開した。

矢内原自身の回想によれば、金融恐慌が発生した一九二七年（昭和二）から三七年にかけては「非常に波乱の多い年月でもあったし、割りに働いた時代」だったという。「講壇ジャーナリスト」（あるいは現代風に言えば「公共的知識人」か）として言論活動にいそしんだ一〇年間だったのである。

矢内原の年譜を通覧して気づくことは、とりわけ一九三二年から三七年までの六年間に、彼が集中的に多数の論考を総合雑誌や新聞のために執筆していることである。

一九三二年四月　「社会改革と宗教改革」一～五『読売新聞』
　　　　一一月　「満洲見聞談――昭和七年八～九月」『改造』
一九三三年一月　「日本精神の懐古的と前進的」『理想』

六月　「南洋委任統治論」『中央公論』
一一月　「民族主義の復興」『改造』
一九三四年四月　「民族と平和」『中央公論』
一九三五年一月　「マルサスと現代」『改造』
二月　「日満経済ブロック」『婦人之友』
三月　「宗教と科学と政治」『中央公論』
一一月　「伊エ〔エチオピア〕戦争と世界平和」『改造』
同月　「新渡戸先生を憶《おも》ふ」『中央公論』
一九三六年一月　「真理と戦争」『中央公論』
二月　「植民地再分割論」『東京朝日新聞』
六月　「南洋政策を論ず」『改造』
同月　「植民地再分割問題」『婦人之友』
一九三七年一月　「大陸政策の再検討」『報知新聞』
二月　「支那問題の所在」『中央公論』
九月　「国家の理想」『中央公論』

一九三二年は前述の『藤井武全集』の編集刊行作業が終了した年であった。つまり、二月に

『藤井武全集』完結を祝った後、その翌々月から活発な言論活動を開始したわけである。その一方で、同じ年の一一月に、個人雑誌『通信』の発行を開始している。しかも、その間、学術研究もまったくおろそかにせず、『満洲問題』や『南洋群島の研究』などの学術研究書や論文を多数発表しているのである。まさに超人的な精励ぶりである。

ところで、列挙した一般言論著作リストから少なくともふたつのことがいえる。その第一は、矢内原の言論活動は主として中央公論社と改造社によって支えられてきたということである。矢内原の時論のうち七本が『中央公論』に発表されている。これに続くのが『改造』発表の五本である。

後述するように、当時、総合雑誌は『中央公論』と『改造』が双璧《そうへき》を成していたから、矢内原の言論活動は、主にその二大総合雑誌を舞台に展開された、といえよう。日刊新聞に論説を発表したケースはあまり多くない。これは、戦後、矢内原の論説の多くが日刊新聞に掲載されたのと対照的である。第二章で再説することだが、戦前・戦中の論壇を主に支えたのは、総合雑誌であって日刊新聞ではなかったからである。今日の総合雑誌の衰退ぶりからは想像がつかないことだが、戦前の総合雑誌は七〇〇〜八〇〇ページもある大部の号がしばしば刊行されたことからも、その隆盛ぶりを推量できよう。

第二に、矢内原の言論活動が活発化した時期は、ちょうど満州事変から日中戦争勃発までの時期と重なるということである。満州事変勃発は一九三一年九月であり、その翌年五月には五・一五事件で犬養毅《いぬかいつよし》首相が暗殺された。同年九月に日本は満州国を承認するが、その頃、矢内原は満州視察の旅に出ている。

一九三三年二月には国際連盟が満州国不承認を決議して、三月に日本は国際連盟を脱退し、満州国は日本の外交問題の一大焦点となる。一九三六年一月には、日本は、前年一二月に開会したロンドン軍縮会議を脱退し、二月には二・二六事件が勃発、蔵相高橋是清《たかはしこれきよ》らが暗殺された。日本の暴走には歯止めがかからず、一一月には日独防共協定が調印された。そして、一九三七年七月、日中戦争勃発に至ったのである。

この六年間、矢内原の時論は、戦争と平和、満州問題を中心に展開している。すなわち、彼の言論活動は、日本の満州政策、国際的孤立化と対中関係の悪化という一連の諸問題に対応するものであった。しかし、それは政策論のレベルにとどまるものではなく、当時の日本の精神状況に対する、より根源的な批判であった。「支那問題」を論じては、日本軍国主義を批判し、「日本精神」を論じては、天皇が神ではないことを弁証したのである。

厳格にして愛情あふれる家庭人

矢内原の言論活動の内容について、やや詳細に論じる前に、彼のプライヴェートな側面について少し触れておこう。

愛子夫人が一九二三年（大正一二）に逝去した前後のことは記したが、その翌年の六月、矢内原は堀恵子《ほりけいこ》と再婚している。矢内原の長男伊作と次男光雄は愛子の子供であるが、三男の勝《かつ》は恵子との間にできた子供である。ちなみに伊作はのちに法政大学教授、哲学者としてその名を知られた。光雄は日本道路公団に勤務し、勝は慶應義塾大学経済学部教授、のちに作新学院大学学長を務めた。

家庭人としての矢内原は、ひたすら「こわい」存在だった。矢内原が逝去したのち、父矢内原忠雄を回想して、次男の光雄はこう書いている（南原繁ほか編『矢内原忠雄』）。

「父が召されて間もない頃は、こわかった父ばかりが思い出されました。心配をかけどおしだった私には勿論《もちろん》、母や兄弟にも厳しい人でした。神経質で始終ご機嫌が悪く、甘えるすきもないこわい顔（特に二・二六事件以前はひげを生やしていたので）で、何でも見抜いてしまう鋭い目で私を見据えていました。随分叱《しか》られたものです。家から放り出されたり、手を縛られて浴室に閉じ込められたり叩《たた》かれたり……。また日常生活で例えば食事の時など私たちがうっかり世間風な冗談を言って笑ったり、食器をガチャッと音立てたりしますと、急に箸《はし》を置いてしまってじろっと睨《にら》まれます。悪くいくと雷が落ちてくるといった具合で、私などはびくびくしながら一刻も早く落度のないように食事を終えて自分の室に逃げこむことばかり考えたものです。とにかくこわい人でした」

このような印象は次男光雄に限ったものではない。長男の伊作にしても、三男の勝にしても、「大変こわかった」という印象をもらしている。

しかし、こうした厳格さは、矢内原がおかれていた公的立場と無縁ではなかった。妻恵子は次のように書いている（同前）。

「満州事変が起り大東亜戦争と化しまして、世の中が切迫するにつけ、主人の血相まで変わりました。厳しい人となりました。激しい性質となりました。常に何者かを睨みつけておりました。時には私の顔までが敵に見えるのではないかと思われました。私はその中にあって子供たちを大変ふびんに思いましたが、どうにもならないので御座いました。未だに当時のことを思い出し、私は子供にすまなかったと思っております」

とはいえ、恵子は矢内原に深く同情し、理解を示している。

「主人は寂しかったので御座いました。一人荒野に立つ自分に誰か一人味方がなければやりきれなかったので御座いましょう。主人は決して強い人ではありませんでした。淋《さび》しがりやで優しいデリケートな神経質な人で御座いました。イザヤのように、エレミヤのそうであったように、弱い優しいその口に神様は火を投げ入れられました」

また、子供たちに対する、過剰とも思われる厳格さに関しても、彼らに見えないところで矢内原は別の顔を持っていた。再び恵子の証言によれば、「他人様《ひとさま》に向って怒っているように見えましたが、実は自分を叱りつけているので御座いました。人には神様の義に照らして正しい道を教えていたので御座いました。この茶の間でおこっていても、玄関を出たときにはその人をゆるしておりました。これは自分の罪を識《し》り、神の許しを識っていたからで御座いました。

（中略）子供を叱っては自分が苦しんでおりました。『彼を見ることわれを見るが如《ごと》し』と記して、涙を流しておりました」。

実際、矢内原が、その厳格さとは裏腹に、家族に対して愛情にあふれた人格の持ち主であったことは、次の例からもうかがい知ることができる。矢内原が兄と慕った無教会キリスト者藤井武が、一九三〇年（昭和五）に早世すると、矢内原はその五人の遺児の養育を自ら引き受けたのである。矢内原は、藤井家と姻戚《いんせき》関係（西永愛子は藤井武夫人喬子《のぶこ》の妹）にはあったが、藤井にはより近い親戚が存在したから、矢内原が遺児を引き受ける必要はまったくなかった。藤井の遺児にとっても、矢内原は「こわい叔父」だったようである。しかし、にもかかわらず、矢内原が五人の遺児に惜しみない愛情を注いだことを、遺児の一人、藤井立《たつ》は述懐している。

また、長男伊作も、父が旅行先から子供に宛《あ》てて頻繁に絵葉書を送ったり、親戚の一人ひとりを大切にしたと記して、矢内原に「家族思い」だった一面があったことを証言している。

2　政府批判とその真意

矢内原の戦前・戦時下における言論活動を、当時の政府に対する「抵抗」と見なして思想的に検討することは、多くの研究者によって試みられてきている。

本書における考察の焦点は、矢内原という言論人が、いかなる政治的社会的状況において、どのような政治力学の作用によって、東京帝大を辞職せざるをえない立場に追い込まれたかを解明する点にあるが、矢内原の言論活動が、矢内原事件の直接的きっかけを作った以上、矢内原による当時の政府批判の内容について触れないわけにはいかない。

矢内原の思想的「抵抗」は、本人も述べているように、社会科学的な学問的背景と、内村鑑三から受け継いだキリスト教信仰のふたつに支えられていた。この視点に立って、一九三七年（昭和一二）まで五年ほどにわたって展開された矢内原の時局観察と政府批判を概括すれば次のようになろう。

民族主義のあるべき姿を模索

矢内原事件の直接的なきっかけを作ったのが『中央公論』一九三七年（昭和一二）九月号に巻頭論文として発表された「国家の理想」であることはよく知られているが、矢内原事件をより包括的に捉えるためには、その前年、一九三六年の六月二五日にまでさかのぼる必要がある。すなわち、岩波書店から刊行された矢内原の時事論文集『民族と平和』を看過するわけにはいかない。

この論文集は一九三二年七月から三六年二月にかけて発表された論説、あわせて二三編をおさめている。民族問題および平和問題を中心的話題として「非常時」の政治を「宗教および科学」の視点から論評したものであると矢内原本人は位置づけている。

全体として二部構成となっており、第一部は『中央公論』『改造』『理想』および『東京朝日新聞』に発表された時事論集、第二部は矢内原の個人雑誌『通信』に掲載された無教会キリスト教関係者を対象とする平易な小文集からなっている。

この書物に収載された多様な論文の中でも、後述との関係では、特に論文「真理と戦争」が重要である。『中央公論』一九三六年一月号に掲載されたこの論文は、民間の右翼思想家、蓑田胸喜が問題視するところとなり、彼が矢内原批判を開始するきっかけを作った論考だからである。その論旨を簡単にまとめれば次のようになろう。

矢内原にとって真理はふたつの属性を伴うものであった。ひとつは秩序＝法則性、もうひとつは理想＝生命性である。

まず、秩序としての真理という論点については、人類社会から自然現象および全宇宙に至るまで、秩序・法則性が支配するというのが学問探求の基礎的公理である、と矢内原は考える。その意味で、法則性の探求が学問の目的であるということになる。

他方、理想としての真理については、自然および社会は、全体としては完成を目指して進歩しつつあるとの信念を矢内原は表明する。さらに、生命性としての真理は、真理探求者のうちに理想を追求する熱意を喚起する、という。約言すれば、矢内原は進化的発展的秩序のうちに真理の姿を見ていたのであり、そのような真理にはそれ自体のうちに平和の理想と真理探求への動機付けが内包されていたといえる。

当時は軍国主義が勢力を有し、軍国主義の下で保護される学問とは軍事に応用が利く科学技術であり、国家主義的で戦争を賛美する思想であるが、戦争が人類の歴史に繰り返され、これからもおそらくは容易にはなくならないという事実は、直ちに戦争を真理の名において是認すべきであるということを意味するものではない、と矢内原は主張する。それは病気が人間の生に広く見られる事実だとしても、そのことは病気を是認し擁護しなければならないことを意味しないのと同じである。

真理探求の道が遠いのと同様、平和も現実政治の課題としては容易には成就しない。しかし、病気治療の目的が健康回復にあるとはいえ、健康維持の最善の方法が平時における養生にあるとすれば、これと同様に、真理の探求と平和の追求はむしろ平和時に必要である。

以上のような観点から、矢内原は一九三五年頃における軍事教練の鼓吹、軍事費の肥大化を批判する。むしろ求められるべきは「平和教練」であると述べて、矢内原はその平和主義的主張を提示している。

「戦争は害悪であり反真理である」

「戦争は歴史的現実である。併《しか》し乍《なが》らその事は決して戦争を是認し擁護する理由にならない」

このような主張は、『民族と平和』を貫く基調となっている。たとえば書名と同じタイトルの論文「民族と平和」で、民族主義の勃興を当時の日本のみならずイタリアのファッショやドイツのナチスに認めたうえで、民族主義のあるべき姿を模索している。矢内原にとって民族主義は必然的に国際平和に対する脅威たらざるをえないようなものではなかった。

民族主義を「国家的利己心の発現」として理解し、国際間の不和の原因を民族主義に帰する見解は、決して「事実無根」ではないが常に妥当するとはいえないと矢内原は考える。民族的差異の存在は、矢内原にとって、「人類の文化を複雑にし活気あらしめる所以《ゆえん》」であり、それ自体として否定されるべきものではない。問題は、民族的差異を悪用し、他民族蔑視の感情を駆り立て、「国家的利己の為め（中略）国際的不和の為め」に用いることである。民族主義は、正義のため自由のため平和のために用いられねばならない、と結論づけている。

異彩を放った平和論

このように、矢内原による時事論は、平和主義的主張で一貫しているが、戦前・戦中の矢内原の平和論は、戦後に展開されたものよりもやや弱い主張である。

かつて筆者は矢内原の戦後の一般言論活動を分析して、それが相対的平和論を排し、絶対的平和論を説いている点に一大特色があると論じた。絶対的平和論とは、状況のいかんを問わず無条件に平和の主張を貫徹・維持する立場を指す。これに対して、相対的平和論とは、平時には平和を唱えるが、いったん戦争になるとたちまち戦争に協力するような態度をいう。矢内原は戦後に澎湃《ほうはい》として起こった数々の平和運動の背後に「相対的平和論」を見出し批判したのである。

しかし、戦中・戦時下の矢内原の場合、日本政治思想史研究者の真壁仁も指摘するように、その平和論はそこまで突き詰められていない。『マルクス主義と基督教』（一九三二年〔昭和七〕）という、マルクス主義からの批判に答える護教論的な作品において、矢内原は、キリスト者として、社会革新の手段としての暴力を是認すべきかどうかという問題を提示している。これは、ひいては戦争に「義戦」というものがあるのかという問題とつながっており、「絶対平和論はたして真なるか」という問いをも提出している。

矢内原のこれに対する解答は、「神が吾人《ごじん》キリスト者に用いしめ給う最善の方法、キリスト者特有の方法は明白に非暴力である」。しかし、これは絶対非戦の強い主張ではない。「剣を取る者は皆、剣で滅びる」（「マタイによる福音書」二六章五二節）を引いたのち、矢内原はいう。「剣のなし得る善は（もしありとしても）、決して絶対的根本的ではない。それは多大の犠牲と悪結果とを伴なうを免れない」。すなわち、「剣」のなしうることが「善」であることの可能性を全否定しているわけではない。したがって、「神は時として剣をも利用し給う」とも述べている。

このように戦前・戦中には絶対的平和論を唱えるまでは行き着かなかったとはいえ、矢内原による平和の主張は、当時の論壇において異彩を放つものであったことは間違いない。東京帝大を中心として各大学から現れたいわゆる「講壇ジャーナリスト」すなわち一般言論活動に関わる大学教授としては、矢内原のように徹底して平和の主張を、総合雑誌を舞台として展開したケースは管見の限りほかには存在しない。

「平和」こそが国家の「理想」

矢内原の平和論がキリスト教信仰に根ざしていることから容易に推測されるように、無教会主義キリスト教の創始者、内村鑑三の思想的系譜に属するものである。内村が日露戦争を契機に非戦論を唱えたことはよく知られている。しかし、内村を等しく信仰の師とする無教会キリスト者第二世代のリーダーたちのなかでも、内村の非戦論は一様に継承されたわけではなかった。確かに、政池仁《まさいけめぐむ》や金沢常雄《かなざわつねお》のように、矢内原と共同戦線を張った無教会キリスト者の平和論者は存在した。だが、たとえば、昭和初期に無教会キリスト教において最大勢力を有していた塚本虎二《つかもととらじ》の場合、政府の方針に妥協的な態度を打ち出していたのである。

矢内原と塚本が「平和」という論点をめぐって主張が大きく分かれたのは、この二人の愛国心についての理解が決定的に相違することと密接な関係があった。愛国心は、終章で改めて取り上げる論点であるが、とりあえず矢内原と塚本に関して要点だけを記せば、矢内原にとっての愛国心とは、あるがままの日本を愛することではなく、日本が掲げるべき理想を愛することだった。したがって、現実の日本が、その掲げるべき理想と食い違うときには、現実を批判することこそが、愛国心の現れなのだ、と矢内原は考えた。

一方、塚本においては、日本の「理想」と、あるがままの日本との間の対立緊張関係が矢内原の場合ほど深刻ではなかった。その結果、現実妥協的な態度にしばしば帰着したのである。その背景としては、塚本独自の聖書神学が政治的態度に及ぼした影響も考えられるが、ここではその詳細には立ち入らない。ただ、ひとつだけ指摘しておけば、塚本の場合、自分は聖書学者であって政治に関しては素人であるから、当時の政治的現実についてはよくわからない、として判断を回避する傾向があった。そのため、塚本においては、国を愛するということが政治的現実に対する批判的な観察と結びつくことがあまりなかった。

それとは対照的に、矢内原の場合、植民政策を専門的に研究していたことから、現実政治に並々ならぬ関心を抱き、これを客観的に分析することに努めた。したがって、矢内原においては、キリスト教信仰に裏打ちされた「平和」という理想に対する確信が、その理想と正反対の方向へ進みつつあった現実政治に対する客観的分析と結びつき、そこに理想と現実のギャップを鋭く意識することとなった。そのギャップを黙視して済ませることは、矢内原には愛国者としてできなかったのである。

塚本は専門の伝道者であって、世俗の職業を持たなかったが、同じ無教会キリスト者でありながら同時に東京帝国大学などの高等教育機関で教鞭《きょうべん》をとった者は矢内原だけではない。三谷隆正《みたにたかまさ》は第一高等学校で法学とドイツ語を教え、江原万里《えばらばんり》は病気のため辞任するまで東京帝大経済学部で助教授を務めた。しかしなかでも最も有名なのは、戦後に矢内原より一足先に東大総長となった南原繁（一八八九－一九七四）であろう。

南原の場合、政治思想研究者の加藤節が解説するように、戦時中は一貫して「洞窟《どうくつ》の哲人」として学問に専心した。時局に批判的な自分の立場をジャーナリズムに発表することはまったくなく、そのかわり一九四二年（昭和一七）に『国家と宗教』という単著に結実することになる諸学術論文を発表している。

矢内原事件の端緒を作った一人である右翼思想家蓑田胸喜は、南原に対しても名指しで一九三八年に攻撃を仕掛けている。しかし、南原の学問それ自体に対する批判もさることながら、そもそも南原が寡作であったことを「帝大教授として学術的貢献に怠慢」であると非難しており、さらに、日本史学者津田左右吉を早稲田大学から東京帝大法学部に新設された東洋政治学講座の講師に推薦したことを論難している。津田は『古事記』や『日本書紀』を近代的な史料批判の方法で研究したことで知られるが、特に『日本書紀』における聖徳太子に関連した記述を批判的に論じたことを、蓑田は激烈に攻撃した。蓑田による南原への攻撃は、津田に対する糾弾のいわば余波であった。

それはともかく、南原はじめ無教会キリスト者でありながら大学の教員を務めた人々のなかにあって、矢内原がキリスト教的信仰の立場を前面に押し出しつつ、「講壇ジャーナリスト」として反政府的・平和主義的な論陣を張ったことは、当時、きわめて異色なものであった。そして、南原と矢内原の対照的な時局への態度は、大学教授という知識人が政治的現実と対決するうえで、あくまでも学問のなかに立て籠《こも》り、そこで批判を展開するか、あるいは、象牙の塔を出て公の場で自説を表明するか、というふたつの相異なる態度（とその帰結）を例示していて興味深い。

国家の根本原理としての正義

さて、矢内原事件の直接的なきっかけを作った論文は、『中央公論』一九三七年（昭和一二）九月号所収の論文「国家の理想」である。この論文の主旨は、冒頭の一節に集約的に表現されている。すなわち、「現実国家の行動態度の混迷する時、国家の理想を思い、現実国家の狂する時、理想の国家を思う。之《これ》は現実よりの逃避ではなく、却《かえ》って現実に対して最も力強き批判的接近を為す為めに必要なる飛躍である」。

理想に照らして現実の政治を批判する――これは、矢内原には愛国心の発露として当然の選択であったが、この冒頭の一節はまさにそうした態度の表明である。

矢内原によれば、国家はその構成分子である個人や団体がさまざまに変化するが、全体としては統一的存在として存続する。国家の構成分子の個々の主観や具体的な政策を超えて、すべての国家をひとつの統一国家たらしめる客観精神を、矢内原は「国家の理想」と呼ぶ。

矢内原にとって、国家を国家たらしめる根本原理としての理想は正義にほかならなかった。ただし、正義とは「国家の製造したる原理ではなく」、「反対に、正義が国家をして存在せしむる根本原理である」。国家が正義の内容を決定するのではなく、正義が国家を指導すべきなの

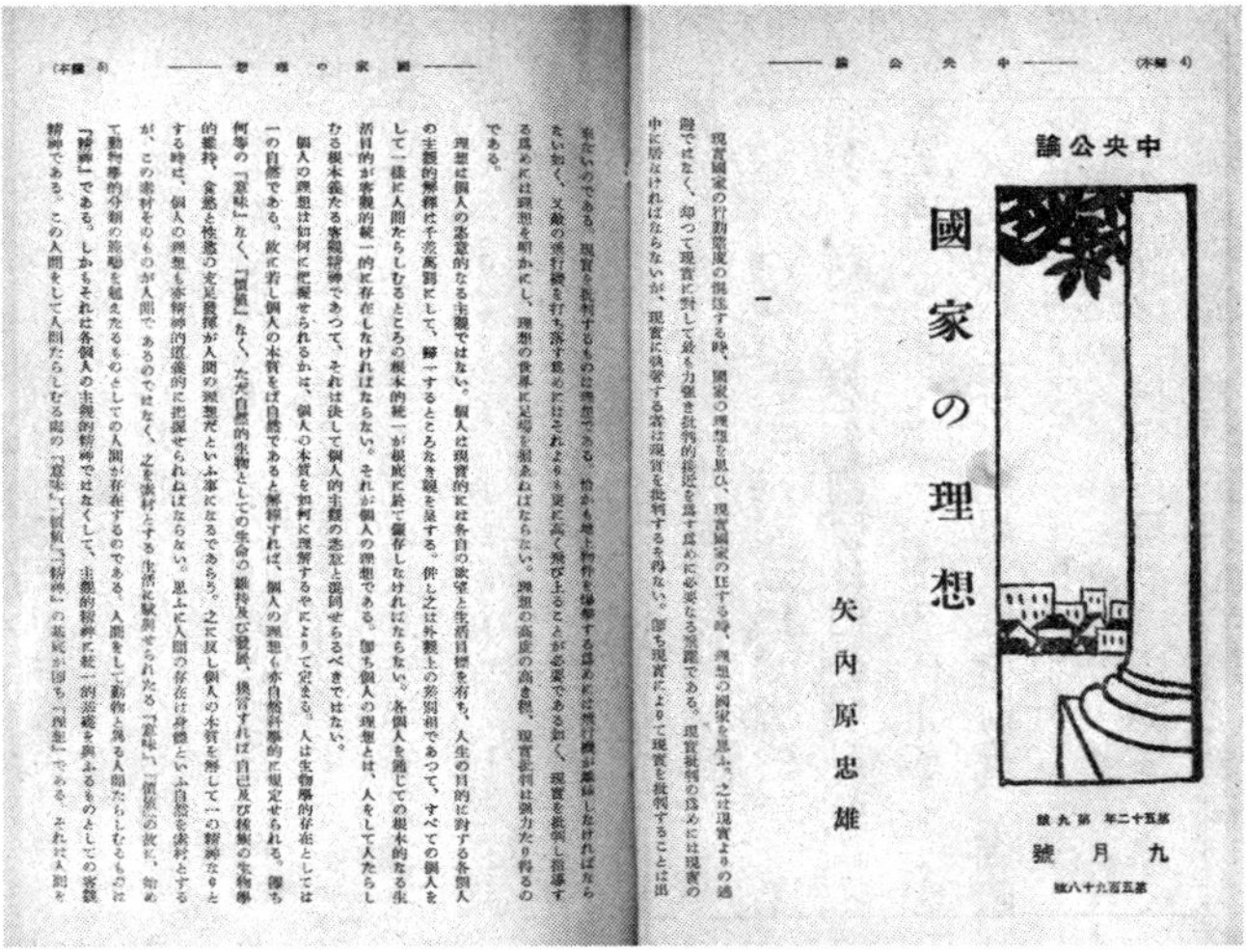

中央公論

國家の理想

矢内原忠雄

一

現實國家の行動態度の混迷する時、國家の理想を思ひ、現實國家の狂する時、理想の國家を思ふ。之は現實よりの逃避ではなく、却つて現實に對して最も力強き批判的接近を爲す爲めに必要なる操作である。現實批判の爲めには現實の中に居なければならないが、現實に執着する者は現實を批判するを得ない。卽ち現實によりて現實を批判することは出來ないのである。現實を批判するものは理想である。恰かも地上の物件を爆撃する爲めには飛行機が離陸しなければならない如く、又敵の飛行機を打ち落す爲めにはそれよりも更に高く飛び上ることが必要である如く、現實を批判し指導する爲めには理想を明かにし、理想の世界に足場を有たねばならない。理想の高度の高き程、現實批判は強力たり得るのである。

理想は個人の恣意的なる主觀ではない。個人は現實的には各自の欲望と生活目標を有ち、人生の目的に對する各個人の主觀的解釋は千差萬別にして、歸一するところなき觀を呈する。併し之は外觀上の差別相であつて、すべての個人をして一様に人間たらしむるところの根本的統一が根底に於て潜存しなければならない。各個人を通じての根本的なる生活目的が客觀的統一的に存在しなければならない。それが個人の理想である。卽ち個人の理想とは、人をして人たらしむる根本義たる客觀精神であつて、それは決して個人的主觀の恣意と混同せらるべきではない。

個人の理想は如何に把握せらるるかは、個人の本質を如何に理解するやによりて定まる。人は生物學的存在としては一の自然である。故に若し個人の本質をば自然であると解釋すれば、個人の理想も亦自然科學的に規定せられる。卽ち何等の「意味」なく、「價値」なく、ただ自然的生物としての生命の維持及び發展、換言すれば自己及び種族の生物學的維持、食慾と性慾の充足發揮が人間の理想だといふ事になるであらう。之に反し個人の本質を解して一の精神なりとする時は、個人の理想も亦精神的道徳的に把握せられねばならない。思ふに人間の存在は身體といふ自然を素材とするが、この素材そのものが人間であるのではなく、之を素材とする生活に賦與せられたる「意味」、「價値」の故に、始めて動物學的分類の範疇を超えたるものとしての人間が存在するのである。人間をして動物と異る人間たらしむるものは「精神」である。しかもそれは各個人の主觀的精神ではなくして、主觀的精神に統一的系統を與ふるものとしての客觀精神である。この人間をして人間たらしむる處の「意味」「價値」「精神」の基底が卽ち「理想」である。それは人間を

第五十二年第九號　九月號　第五百九十八號

「国家の理想」（『中央公論』1937年9月号）

である。

そして、その「正義」とは国家の命令ではなく、「哲学的直観」または「宗教的啓示」によって判断されねばならない、と矢内原は強調した。正義が国家の命令であるとしたら、国家の命令するところであれば何でも正義であることになってしまう。したがって、正義は国家を超えるものでなければならない。

国家の理想としての正義は国内的にも国外的にも発現されなければならないが、そうした国内外共通の正義とは平和であると矢内原は主張する。国家間の平和であり、国家内では貧者や弱者を保護する社会の成立・運営を意味する。

問題はこうした国家の理想として、正義と平和を承認するとしても、現実の政治に

おいては必ずしもそれが実現していないかもしれないことである。しかも、政府にとってその政策を遂行するうえで最も望ましいのは、国民のなかに反対者がいないことである。したがって、批判を弾圧し、政府の施策を宣伝することに政府は努めることになる。

こうした事態にあって、国民はひとつのジレンマに直面する。一方において、国民には国家が決定したところに服従する義務がある。しかし、他方において、国家を導くべき理想の達成に協力することもまた国民としての義務である。国家の決定が、国家の理想と合致する場合は問題ない。しかし、国家の決定が、国家の理想に反する場合はどうするか。

矢内原は言う。「根本的に国家を愛し国家に忠なる者は、当面皮相の政策に迎合することなく、国家の理想を愛し理想に忠なる者でなければならない」。したがって、政府の決定にはその内容いかんを問わず服従するのではなく、政府の決定が理想に反する場合は、これに異議申し立てをすることこそが「真に愛国的」であるというのである。

このような主張を矢内原は旧約聖書の「イザヤ書」に基づいてさらに敷衍《ふえん》する。すなわち、イザヤに啓示された国家の理想は正義と平和であり、イザヤがこのような理想に照らして批判したユダ国の状況は、虚偽宣伝の横行、価値判断の転倒、言論の抑圧、そして主戦政策への邁《まい》進《しん》であった。

矢内原は論文「国家の理想」を結ぶにあたって、自分たちは現実の事情に通じているわけではないから政策の是非正邪を判断できないという読者からの異論を想定して、これに応答する。

確かに「現実の事情」は「当局者の声明や発表」によらずしては知りえない。しかし、政策の是非正邪を判断する基準は、現実の事情にしかないわけではない。むしろ、そうした判断を可能にするのは国家の理想である。現実に没頭するなら、現実に引きずられるよりほかはない。しかし、「国家の理想に自己の立場を置く時、その正邪の判断は国民中最も平凡な者にも可能である」。

「無批判は知識の欠乏より来るのではない。それは、理想の欠乏、正義に対する感覚の喪失より来る」

こう述べて、論文「国家の理想」は、日本という国家を指導する思想原理がはたしていかにあるべきか、という問題に対して、抽象的ではあるが直截《ちょくせつ》の解答を示したのである。そして、矢内原がこの論文を書いたのは、おそらく社会科学者としての見識を示すため、というよりは、むしろ預言者精神を抱くキリスト者としての使命感からだったのではなかろうか。「国家の理想」の結末にはこうある。

「最近『教養』という言葉が流行となった観があるが、『教養』は美容の如きものであって、有教養は無教養にまさり、自他に快感を与えるものではあるけれども、要するにそれは外面的装飾にすぎない。外面的装飾よりも、内面的湧出《ゆうしゅつ》。教養よりも理想。学者よりも預言者。現実界の混迷が加わる時代に於て、益々必要なるは之である」（傍点引用者）

心血を注いだ渾身のエッセイ

中央公論社からの依頼を受けて、矢内原は、この論文を八月に「炎熱の中にありて、骨をペンとし血と汗とをインキとして」「一気呵成《かせい》に」書いたという。八月一〇日に脱稿、中央公論社に原稿を渡している。

論文執筆のインスピレーションとなったのは、一九三七年(昭和一二)七月七日に勃発した盧溝橋《ろこうきょう》事件である。盧溝橋事件は矢内原にとって「一大衝撃」だった。事件をさらに拡大させるのかどうか、政府は岐路に立っていた。日中戦争を境として日本国内の雰囲気も激変したようである。

無教会キリスト者で、一九三七年当時一七歳だった富田和久《とみたかずひさ》によれば、「電車の停まる駅ごとに万歳の声と出征兵士とがあり、ハンケチを目にあてる婦人の姿があった」という。そのような時代的雰囲気に包まれていたとき、矢内原は「中央公論から原稿を頼まれていたので、筆を呵《か》して『国家の理想』と題する一文を草し、同誌九月号に寄せた」というわけである。

この言葉を見る限り、「国家の理想」は心血を絞って書き上げた渾身《こんしん》のエッセイであったとの印象が強い。しかし、そのことは、矢内原が、必ずしも当局に対して真っ向から激烈な攻撃を加えることを意味したわけではなかったようである。

事実、矢内原の回想『私の歩んできた道』によれば、その論文は「暗に日本の大陸政策を批判し、また国内における言論思想の圧迫に対する抗議をした」という。「暗に」という一語がわざわざ付け加えられていることから明らかなように、時の政府に対する公然たる抗議を意図したものではなかったのである。

そのことは矢内原周辺の人々の証言とも一致している。たとえば、大内兵衛の回想によれば、「彼〔矢内原〕にしてみれば、これ〔「国家の理想」〕は特に激越な調子のものではなく、それよりも筆を十分に抑えて非常に抽象的に書きあげたものであった」。矢内原は、怒りと激情に駆られて「国家の理想」を書いたのではなく、細心の注意を払って執筆した、と矢内原自身から聞いたことを示唆している。

中央公論社の編集者畑中繁雄《はたなかしげお》（「横浜事件」に連座して投獄され、四五年九月釈放）も同様の印象を持っていたようである。戦後、畑中は「国家の理想」を評して、「キリスト教的ヒューマニズムの立場から、国家の理想を愛と正義の行使にみいだし、侵略主義に対していくぶんの批判を加えた程度にすぎなかった」と述べている。

大内にせよ、畑中にせよ、「国家の理想」は決して激しい政府攻撃を意図した論文ではなく、むしろ穏当なものとして受け取っていたようである。それだけに、この論文が筆禍事件のきっかけを作ることになろうとは、おそらく夢想だにしていなかったに違いない。

健康状態の悪化

矢内原が「炎熱の中にありて、骨をペンとし血と汗とをインキとして」論文「国家の理想」

を執筆したと述べているのは、時の政府に筆誅《ひっちゅう》を加えることとの苦しみを表現しているのと同時に、その執筆作業が自分の健康状態との戦いであったことをも示唆しているように思われる。

若い頃の矢内原は健康問題をまったく抱えていなかった。しかし、一九二七年（昭和二）、三四歳頃を境に、健康状態が長期にわたって悪化していたようである。

一九二七年三月から五月にかけての二ヵ月余りにわたる台湾調査旅行の成果は、のちに名著『帝国主義下の台湾』として結実するが、この旅行で矢内原は、研究調査に加えて、台湾抗日運動家蔡培火《さいばいか》（一八八九－一九八三）の応援を目的として公開講演を台湾各地で行っている。これは当初計画に入っていなかったことで、そのために、矢内原は疲労困憊《こんぱい》してしまったようである。帰国の船上、突然腸が痛みだして以来、慢性的な腹痛に悩まされたらしい。

これに追い討ちをかけたのが一九三一年から翌年にかけての『藤井武全集』の編集・刊行作業であった。大学での仕事の合間を縫って、睡眠時間を削ってまでの献身的な仕事ぶりは視力の衰えという代償を伴った。

一九三六年頃には、いよいよ健康状態の衰えを自覚せざるをえなくなり、静かに研究に没頭することで休養したいと考えるようになったという。そこへ先述のように盧溝橋事件が生じた。日中の戦端が開かれて以降、事態は急展開を遂げつつあった。こうした状況に触発されて、疲労と歯痛、声がれと戦いながら、平和の理想を唱える講演旅行を開始したのだった。

矢内原は「国家の理想」脱稿の翌日、八月一一日には甲州の山中湖畔へ向かい、一三日には信州の霧が峰に入った。ここから九月三日まで一ヵ月弱の間、山陰、山陽、四国、関西、中部を講演して回った。

この講演旅行は鳥取で開始され、米子や岡山、高松、新居浜などを経て、長野県松本市における三日間の講演をもって終了した。この長い旅行に矢内原は日曜集会の青年数名を同伴した。その中には、矢内原の長男伊作も含まれていた。「平和の福音」を靴として、「救いの冑及び霊の剣すなわち神の言葉」を取ってゆく、とその決意のほどを記している。伊作によれば、この講演旅行はまぎれもなく「ファシズムに対する激烈なたたかい」だったのである。

しかし、この旅行の直接的目的のひとつは、鳥取県米子市在住のキリスト者藤沢武義《ふじさわたけよし》の応援であった。藤沢は『求道』という個人雑誌を刊行し、その中で正義と平和の論陣を張っていた。そのため、当局から発禁処分を頻繁に受けていたのである。八月一七日の米子講演の演題は「国家の理想」であった。『中央公論』収載の論文は「米子講演の草稿として書いたものである」と矢内原は一九三九年五月に記しているから、その講演内容は、論文の内容とほぼ同一であったと推測される。八月一九日から二一日まで、藤沢が主宰する大山《だいせん》聖書講習会で、二〇名ほどの参加者を相手に矢内原は聖書講義を行った。

「国家の理想」削除処分と講演「神の国」

八月二四日、高松から大島への移動中、同行していた者の一人が『中央公論』九月号を購入し、巻頭論文であるはずの「国家の理想」が削除処分になっているのを発見する。「やりおったナ」

矢内原はこう思ったと記しているが、それと同時に「格別気にはならない」とも書いている。新居浜出身の無教会キリスト者で、矢内原に同伴していた橘《たちばな》新《はじめ》も、矢内原は「『やりおったな!』と低語されたが驚いた御様子ではなかった」と記している。矢内原自身、「言うだけの事は言ったのだ」と述べているように、当時の政府の不義を不義としてはっきり指摘することを実行したという、そのことをもってよしとしたのであろう。

しかし、それと同時に、大内兵衛が指摘していることであるが、当時削除処分や発禁(発売禁止)は日常茶飯事と化しており、特別な事態としてはもはや受け取られていなかった、という事情があった。矢内原にとっても、削除処分は、可能性として予期しえたことであったに違いない。したがって、おそらくこの時点では、矢内原本人も「国家の理想」が自分の筆禍事件に発展するとはまったく予想していなかったのではないだろうか。

ちなみに、この削除処分は、必ずしも完全に漏れなく実行されたわけではなかった。たとえば、先述した無教会キリスト者で、のちに京都大学教授を務めた富田和久は八月二六日に父が持ち帰った『中央公論』に矢内原論文を発見し通読した、と述べている。

矢内原事件の直接的きっかけとして、論文「国家の理想」と並んで重要なのは、一九三七年(昭和一二)一〇月一日の藤井武第七周年記念講演会における矢内原の講演「神の国」である。

藤井武の愛弟子だった伊藤祐之《いとうすけゆき》の司会で開催されたこの講演会は、三五〇名ほどの聴衆を集めた。

この講演は、論文「国家の理想」が少なくとも表向きは国家一般を論じており、日本に直接言及していないのとは対照的に、当時の日本の状況をキリスト教的観点から批判している。実際、講演の冒頭において、矢内原はその主旨について「我が日本、我が日本の理想の告別式でございます」と述べている。

矢内原はこの講演のなかでキリスト者は今、ひとつの態度決定を迫られているとした。キリスト教は宗教であって政治ではない、したがって政治の問題は政治に任せておけばよい、という考えがある。しかし、キリストの教えによれば、キリスト者たるもの「地の塩」である。現実の不義を批判しない者は味のない塩である、と述べて、政治への態度決定を矢内原は聴衆に迫っている。

また、日本が中国を撃つのは、神の命令である、中国はおのれの罪のゆえに、日本によって裁かれている、という考えがある。しかし、と矢内原は言う。現実国家の行動を道徳的に、信仰的にことごとく追認し、聖書によって弁護するなら、キリスト教の存在意義はない。なぜなら、神によって裁かれたユダの国よりも、己に驕《おご》ってユダを撃ったアッシリアのほうが罪は大きいからだ、と矢内原は主張する。

矢内原によれば、日本人は国家観念が実に強力である。何ごとによらず「国のため」と考える。しかし、この国家観念を「神の国」の真理に役立てるにはどうすべきか、と矢内原は問う。それへの解答はただひとつ、日本国民の心の向きを変えてキリストの福音を信じるということがなければならない。さもなければ、日本の国家観念が逆に日本国にとって有害となる。

矢内原は、続けて、当時の時局に向けて言う。中国に対しては、直ちに降参せよ、と。日本に対しては、直ちに戦いをやめよ、と。しかし、誰も聞く耳を持たない。なぜなら、民衆の間では価値判断が逆になっているからである。不義を正義と呼び、正義を不義と呼ぶ。愛国であることを愛国的でないと言い、愛国でないことを愛国的だと言う。こうして矢内原は次のように講演を結んでいる。

「今日は、虚偽の世に於《おい》て、われわれのかくも愛したる日本の国の理想、或《あるい》は理想を失った日本の葬りの席であります。私は怒ることも怒れません。泣くことも泣けません。どうぞ皆さん、若《も》し私の申したことが御解《おわか》りになったならば、日本の理想を生かす為めに、一先《ひとま》ず此《こ》の国を葬って下さい」

「理想を失った日本の葬り」

この結語は、後述するように、二ヵ月後に政府当局によって問題発言と見なされ、矢内原が東京帝大を辞職しなければならなくなるきっかけを作ったものである。

この講演がなされた藤井武第七周年記念講演会は、無教会キリスト者を対象としたものだった。その日講壇に上がったのは、伊藤と矢内原に加えて、藤井の弟子である小池辰夫《こいけたつお》と、当時、無教会において指導的存在だったうちの一人、金沢常雄である。

この講演会が無教会各誌をつうじて予告されたとき、読者の多くは「身の引きしまる思いであった」という。それは、無教会キリスト者の橘新によれば、「藤井先生が御在世ならば、再び新しく叫ばれる『日本よ亡びよ』を藤井武の魂が乗り移った〔矢内原〕先生をして叫ばしめるであろうその講演会をわれわれは予想した。しかし敵も盲目にあらず、いかなる奸策《かんさく》妨害が待ちかまえているか。先生を護《まも》るべき何の手段もない」。

当局との間に緊張感をはらんでいたこの講演会は、しかし、もうひとつ別の微妙な緊張をはらんでいた。

一九三五年（昭和一〇）頃を境として、無教会は戦争という争点をめぐって微妙に意見が対立していた。無教会最大の集会を主宰していた塚本虎二は、すでに一九三四年以来、当局と妥協的な路線を打ち出していた。また、日本の戦争関与に肯定的だった黒崎幸吉《くろさきこうきち》と、非戦論を主張した政池仁との間で、論戦が繰り広げられていた。

当時の無教会で、矢内原と伊藤は最も徹底した非戦論の立場を鮮明にしていた。金沢常雄は非戦を公言していたが、その結果、自分の集会から離反する者が続出したことに苦悶《くもん》していたようである。

いずれにせよ、この講演会では、日本の戦争を肯定するか否定するかをめぐって内部対立が生じていた当時の無教会にあって、四人の論者が時局に抗して非戦の立場を明言したのである。藤井武第七周年記念講演会が、無教会内部においても、大いに論争を呼びうる出来事であったことは想像に難くないであろう。

この講演会は、しかし、平穏無事のうちに終了した。矢内原にとって、これは少々意外だったようである。「かかる講演会の無事になされたことは奇跡的なる神の恩恵であった」と彼は記している。一九三七年の一〇月末までは、矢内原は直接的に、当局による弾圧が加えられる状況にはなかった。

しかし、その一方で、矢内原は、事態が確実に悪化しつつあるのを明確に認識していた。再び橘新の回想によれば、彼は、講演会に参加できなかった黒崎幸吉に、会の模様を報告することを依頼され、矢内原講演の速記録を入手することを矢内原本人に希望した。それを聞いた矢内原は橘を一喝して次のように述べたという。

「君が黒崎先生への約束を果たすためという気持に他意のないことは解る。君が静かな田舎、新居浜にいて今日の中央の事情に疎いのも無理はないが、今や君が感じるより遥《はる》かに険悪なる時代になった。（中略）昨日の講演でも会場で聴けば当り前のような事が、第三者が君から聴いたり、また文章で読んだら意外の感を受けるであろう。好意的に読んでも誤るが、悪意をもって読まれたら、……日本の理想を生かすために一まずこの国を葬って下さい。……などの言辞がいかなる結果になるかは君にも解るだろう」

細心の用心をしながら、時の権力への抵抗を継続しようとする矢内原の意図がうかがえる証言である。しかし、後述するように、矢内原は、藤井武記念講演の内容を『通信』第四七号に掲載している。非売品だったとはいえ、活字化されれば好ましからざる方面への漏洩《ろうえい》も容易に予測できたであろうから、なぜ『通信』掲載に踏み切ったのか、いささか不可思議である。

しかも、事態の険悪化は、当時すでに「中央」だけに限らなかった。同じ一〇月には、北海道夕張で、無教会キリスト者の渡辺清光《わたなべきよみつ》が非戦思想のため留置された。渡辺はこの後まもなく他界している。また、札幌で無教会主義キリスト教を唱え、渡辺清光の義父だった浅見仙作《あさみせんさく》は、個人雑誌『喜《よろこび》の音《おとずれ》』一〇月号で展開した非戦思想のため、発禁処分を受けたうえに、札幌警察署・憲兵隊・検事局に数回にわたって召喚され、新聞紙法違反に問われた結果、罰金五〇円を科せられている。東京のみならず地方でも非戦思想の持ち主に当局の手が伸びつつあることの自覚を、矢内原は新たにしていたことであろう。

果たせるかな、矢内原をめぐる状況は一一月に急転回した。矢内原本人に対する明確な攻撃がいよいよ本格化したのである。一一月一日、蓑田胸喜は三井甲之《みついこうし》とともに小冊子『真理と戦争』を原理日本社より刊行し、矢内原を反国体、反軍反戦、植民地放棄主義者として非難した。これ以後、矢内原を取り巻く状況は急速に悪化の一途をたどりはじめたのである。このことは彼が遺《のこ》した日記の記述からうかがい知ることができる。

日記に吐露された内面の苦悶

矢内原忠雄が遺した日記は、『矢内原忠雄全集』の刊行に際して、すべてが公開されたわけではなかった。それでも、岩波書店版全集の全二九巻のうちの一冊、九一八ページをあてるだけの分量が活字化されている。矢内原事件に関連しては、幸いなことに一九三七年（昭和一二）の日記を全集で読むことができる。そのなかには、矢内原が東大を辞職する直前と直後にあたる一一月後半と一二月初頭の記述（全集の編集委員の解説によれば、それは現存しない）は含まれていないが、一〇月二九日から一一月一三日までの期間については、ほぼ毎日のようにその日の出来事を簡単ながら記してあることを確認できる。

興味深いことに、一一月六日から九日までの記述は、ほとんど英語（一部ドイツ語）で書かれている。家人に読まれたくなかったのであろうか。この二週間強の短い時期に書かれた記録は、矢内原が「当局のきつい監視の下にあった」ことを明確に意識していたことを示している。

一一月七日、日曜日。「夕刻に塚本虎二と一四日の会合について、ミーティング」を持った、という。「一四日の会合」とは東京、丸の内明治生命館で開催された戦時キリスト教講演会のことである。矢内原は「神の国に就て」、塚本虎二は「預言者アモスをして今日本に在らしめば」と題して講演した。この講演会について、「警察は神経をぴりぴりさせているらしい」とのことで、「知恵と勇気が必要だ」と結んでいる。

ちなみに付言すれば、一一月一四日の講演会は、当局の厳しい監視下にあった。矢内原の回想によれば、「講壇に一番近い最前列の座席には、警視庁、丸の内警察署、検事局、憲兵隊、軍法会議の役人がずらりと並び、第二列には〔矢内原の〕集会の青年たちが数名緊張した面持ちで並んだ」。これは、万が一、ことがあれば、壇上に駆け上がって矢内原の身を守るためであったからだという。講演は平穏に終了したが、このエピソードは、矢内原が当局の包囲網に落ちていたことが、無教会の信者にとって明々白々であった事実を象徴している。

一一月九日、火曜日。警察から質問を受け、それに答えている。「米子の藤沢武義の個人雑誌『求道』を購読しているか。回答、はい。いつから購読しているか。回答、三年間。キリスト教の集会を組織したことがあるか。回答、自分はいかなる公的な集会も組織したことはない」。

一一月一〇日、水曜日。「目黒警察より来宅。『通信』十月号発禁につき押収のため」だった。ところが「残部皆無」だったため、「発行部数等聞いて帰」った、と記している。

一一月一二日、金曜日。午前から午後一時半まで、黒崎幸吉主宰の個人雑誌『永遠の生命』のための原稿を自宅で執筆していたところ、「警視庁刑事二名来訪」。三〇分間話をし、一四日の講演会では「正式臨監」をしないほうがよいのではないか、と注文をつけた、という。この刑事二人のことを「いやな奴なり」と結んでいる。

さらに一一月一三日、土曜日。朝八時に目黒の特高が来訪し、『通信』頒布状況について事情聴取して帰ったという。

このように、一一月に入って、矢内原の周辺に警察の姿が頻繁に現れはじめた。事態は急展開を遂げつつあったのである。矢内原はこうした状況に苦悶した。一一月一三日の日記は、右に引用した記述に続いて、英語で次のように記されている。

「私の同僚がスポーツや芝居、犬や文学または家族と楽しく過ごしている一方で、なぜ私だけがいつも苦しまなければならないのか。私の健康状態は悪化するばかりである。自分が非常に弱ってきていることを感じている。伝道活動と社会科学の仕事をまだ継続しなければならないのだろうか。それが私の義務なのか。休息を望む。慰めを望む。そしてなお、苦難と困難ばかりを抱えるのだ。私は弱い。――しかし私は神に捕らえられているのだ。ああ、これ以外ではありえないのだ。

さらば、今週よ。その週はまたしても涙の洗礼を受けたのだ」

「ああ、これ以外ではありえないのだ」という一文だけがドイツ語表記だが、これは明らかにドイツの宗教改革者マルティン・ルターが一五二一年、ウォルムス国会において自説の撤回を求められた際に述べた有名な言葉「われここに立つ、他はなしあたわず」を意識した一言であろう。

今日、軍国主義的政府に鋭い筆誅を加えた矢内原を、ややもすると英雄的な存在として想像する向きがあるかもしれない。しかし、この日記の記述が示すように、実際の矢内原は、雄々しくこの世の権力に立ち向かう孤高のヒーローのようなイメージからは遠くかけ離れていた。内面においては、苦難に満ちた己の境遇を嘆き、疲労感に打ちのめされ、安息を恋い焦がれていたのである。

先に引用した妻恵子の証言にもあったように、矢内原は、「決して強い人では」なく、「淋しがりやで優しいデリケートな神経質な人」であった。矢内原自身、そのことをよく自覚していたことは日記の記述に明らかである。藤井武に師事した伊藤祐之に宛てた一〇月二日の書簡において、矢内原は「小生余り疲れ過ぎて安眠を得ません」と漏らしている。矢内原事件以後の一九三九年五月に矢内原は、辞職直前の疲労ぶりに触れて、「講義のあと、研究室の三階まで上がるにも手すりにつかまって、休み休み上って行く有様であった」と書き記している。

矢内原の憔悴《しょうすい》ぶりは、当時の矢内原を直接に知る人々にとっても一目瞭然であった。再び伊藤祐之によれば、「その頃の〔矢内原〕先生は慢性下痢を患われ、あたかも墓場から出てきた人のようでありました。『やせたソクラテス』どころではなく、本当にいたいたしい感じがいたしました」という。

しかし、それほどの苦難にもかかわらず、「こうあらざるをえない」という認識、神の言葉によって捕らえられて離れられない、堅き信仰は、彼に時の権力からの圧力にひたすら耐えることを強いたのであった。

第二章　出版界と言論抑圧

前章では、言論人としての矢内原忠雄の活動を、筆禍事件に巻き込まれる寸前、すなわち、一九三七年（昭和一二）一二月までたどってみた。本章では、視点を変えて、当時、知識人たちによる言論活動を支えた出版業界の様子を概観してみたい。いうまでもなく、知識人は出版社の後押しがなければ言論活動を公に展開できない。そこで、一九三七年頃の総合雑誌を中心とする、世論形成に影響力を持ったメディアについて検討してみたい。

その次に、出版界に圧力をかけた当事者の側に目を転じたい。具体的には、矢内原の言論活動は、なぜ、どのようにして当局によって問題視されたのか。どの政府機関に所属するどのような人物が、いったいどのようにして矢内原の言論活動をサポートした出版社に対して言論統制を試みたのか。これらの問題に対する解答を素描してみたい。

矢内原事件に限らず、昭和初期の大学教授に対する言論抑圧には、政府当局だけが関与していたわけではなかった。なかでも重要なのは、民間の右翼言論人、とりわけ蓑田胸喜が、東京帝国大学法学部と経済学部の教授を対象にメディアを通じて非難キャンペーンを展開していたことである。矢内原もまた蓑田の攻撃の矢面に立たされたことは周知の事実であろう。

それでは矢内原をなぜ、そしてどのように蓑田は批判したのか。

これらの問題を検討することで、言論抑圧の当事者がはたして誰であり、彼らはどのような考えのもとに矢内原を窮地に追い込んだのか、を明らかにしたい。

1　舞台となった総合雑誌

前章で触れたように、昭和初期において、言論の花形は日刊新聞ではなく、総合雑誌であった。なかでも『中央公論』と『改造』は二大総合雑誌として、大きな発行部数と巨大な影響力を有していた。これら二誌に続いたのが、『経済往来』(のちに『日本評論』と改題)と『文藝春秋』であった。当時の『中央公論』は用紙の質も良く、大部で手に持つとずしりと重い。特別号ともなると八〇〇ページもあって、今日の総合雑誌とは比較にならないほど重厚である。

矢内原の「講壇ジャーナリスト」としての活動もまた総合雑誌を舞台に展開された。前章で見たように、彼の論考は『中央公論』と『改造』という最も人気の高い総合雑誌に発表されることが多かった。

リベラルな総合誌『中央公論』

中央公論社は、昭和初期の日本の出版界において、岩波書店や改造社、日本評論社と並んで、リベラル派の代表格であった。

当時、いかに『中央公論』や『改造』が人気があったとはいえ、最も広汎《こうはん》な影響力を持った雑誌であったわけではない。昭和初期に最も人気が高かった雑誌は、講談社の『キング』である。

メディア史研究者の佐藤卓己が詳細に明らかにしたように、野間清治《のませいじ》が率いた当時の大日本雄弁会講談社が発行した『キング』こそは、「国民雑誌」と称されるに値するほど幅広い読者層によって熱狂的に支持された雑誌であり、戦時下における大衆参加・動員において大きな役割を果たした。

『キング』の大成功に触発されて、平凡社が『平凡』、新潮社が『日の出』をそれぞれ創刊したが、それら後続の大衆雑誌の影響力は『キング』のそれにとうていおよぶものではなかった。

講談社が戦前・戦中の大衆ナショナリズムの先導役として位置づけられることは広く知られているが、従来、卑俗な「講談社文化」と高踏的な「岩波文化」の対立図式で戦前・戦中のメディアをめぐる状況を説明し、一般大衆文化にインテリ文化が押し切られたと見なすのが一般的だった。しかし、佐藤の研究が明らかにしたように、『キング』に象徴される講談社文化は、エリート層からの抵抗を必ずしも受けたわけではなく、むしろエリート層をも含めた広い読者を飲み込んだのである。『キング』と『中央公論』を併読することは、大学生の間で少なからず見受けられたことであった。

さて、一九三七年（昭和一二）当時、中央公論社社長は嶋中雄作《しまなかゆうさく》だった。一九一二年（明治四五・大正元）、早稲田大学哲学科を卒業して中央公論社に入社した嶋中は、明治・大正期に『中央公論』の名編集者として手腕を発揮した滝田樗陰《たきたちょいん》のもとで、ジャーナリズムの真髄を学んだ。

滝田は夏目漱石や島崎藤村らの今日「文豪」として歴史にその名を刻む小説家たちの作品を獲得・掲載することで、『中央公論』の文芸欄の充実に成功をおさめたが、それに加えて、政治評論の分野でも一流の論者を執筆者に迎えることで『中央公論』を第一級の雑誌とするうえで功績が多大だった。

この点でとりわけ重要な業績は、政治哲学者吉野作造が「憲政の本義を説いて其《その》有終の美を済《な》すの途《みち》を論ず」（一九一六年一月）などの多くの民主主義論を口述したのを、滝田は自ら筆記して、世に送り出したことである。つまり、滝田は大正デモクラシーを出版サイドで先導した担い手であった。嶋中はその滝田から「中正な民主主義、自由主義」を継承したのである。

そうしたいわゆるオールド・リベラリスト的なジャーナリストとしての立脚点に加えて、嶋中には中央公論社社長という経営者としての顔もあった。

嶋中が中央公論社の社長に就任したのは、ちょうど同社にとって困難な時期にあたっていた。一九二五年に辣腕《らつわん》編集者、滝田樗陰が四三歳で他界したが、その当時、『中央公論』は新たな競争相手を得て、読者の確保に苦戦を強いられていた。すなわち、山本実彦《やまもとさねひこ》が一九一九年に改造社を設立し、『中央公論』をモデルにとった総合雑誌『改造』を創刊した。『改造』は社会主義、共産主義を広く紹介しようとしたものであり、『中央公論』が一翼を担った大正デモクラシーに代わる新たな思想の牙城《がじょう》を築きつつあったのである。

滝田樗陰の後任者は『中央公論』の立て直しに失敗したため、当時の中央公論社社長麻田駒之助《あさだこまのすけ》は、『婦人公論』創刊時からの編集長だった嶋中に白羽の矢をたてた。こうして、嶋中は、『婦人公論』と『中央公論』という中央公論社の二大事業を一手に引き受けることとなった。しかも、その一年後の一九二八年には、麻田は嶋中に中央公論社の経営をゆだねることにしたのである。

社長就任まもなく、嶋中は中央公論社に出版部を創設した。それまで中央公論社は雑誌専門だったが、それだけでは十分な収益をあげることが難しかった。そこで、出版部を設置し、書籍の刊行をも行うことで経営の多角化を図ったというわけである。

嶋中社長の下、編集者として活躍した雨宮庸蔵《あめみやようぞう》の回想によれば、嶋中は「性格的にラショナリストであり思想的にリベラリスト（中略）自らに筋を通す人」であった。一面において、外部からの圧力に対しては部下を懸命にかばい、温情が細やかであったが、他面においては、クールな合理主義者であり、借金の名手と知られた内田百閒《うちだひゃっけん》といえども、嶋中から原稿料の前借りをするなど、まったく論外であったという。嶋中が一貫して実践した経営上の鉄則は、

「編集に情実は禁物」という一言に集約できると雨宮は述懐する。

嶋中はさまざまな人の多様な意見を参考にすることを好んだ。毎月一回、二七日に、『中央公論』に定期的に寄稿した学者や評論家、小説家らを、赤坂の料亭「もみぢ」に招き、料理を楽しみながら自由におしゃべりをする会合を開いた。これはのちに「二七会」と命名されるが、この会合は、後年、場所を築地の芳蘭亭《ほうらんてい》に移して継続されただけでなく、毎年春と秋には温泉地への一泊旅行も行った。その常連には、ジャーナリストの長谷川如是閑《はせがわにょぜかん》、馬場恒吾《ばばつねご》、石橋湛山《いしばしたんざん》や清沢洌《きよさわきよし》、小説家の徳田秋声《とくだしゅうせい》、哲学者の安倍能成《あべよししげ》や三木清《みききよし》らが含まれていた。

もともとは清沢洌の呼びかけで始まった会のようであるが、いつしか世話役だった嶋中の中央公論社主催による会であるように見なされるようになり、『中央公論』を舞台として活動し、自由なおしゃべりを楽しむ言論人のネットワークが成長していた。しかも、この定期的な会合には中央公論社の幹部社員も参加させることで「何らかの栄養分を吸収」させる機会とすることも嶋中の意図であったようである。

ちなみに、『中央公論』の二七会と同様、『婦人公論』の執筆者たちの集まりも企画され、「十日会」と命名された。その参加者には女権問題の思想家として知られる平塚《ひらつか》らいてうや山川菊栄《やまかわきくえ》、詩人の与謝野晶子《よさのあきこ》、小説家の吉屋信子《よしやのぶこ》や野上弥生子《のがみやえこ》、婦人運動家の市川房枝《いちかわふさえ》らがいた。進歩的な女性知識人のネットワークもこうして中央公論社を中心として形成されたのである。

組織的かつ包括的な言論抑圧

さて、矢内原事件前夜において、出版界、ことに中央公論社はどのような政治的環境におかれていたのであろうか。当時を知る中央公論関係者の証言は、どれも盧溝橋事件に端を発した日中戦争の勃発以来、言論の自由に対する抑圧が激しさを増したことを指摘している。

一九三七年（昭和一二）当時、中央公論社の編集者だった畑中繁雄は、昭和初期の言論弾圧に関して自らの実体験と見聞に基づいた著作を残している。それによれば、一九二六年から三七年七月の日中戦争勃発までを第一期と見なしうるという。

畑中繁雄（1908－98）

この時期は、主として、共産主義への弾圧の形をとっていた。一九二三年（大正一二）の第一次共産党事件以降、日本共産党は非合法組織として地下運動を継続し、党の機関紙『無産者新聞』は弾圧を受けた結果、『第二無産者新聞』として地下出版を試みたが、一九三二年には消滅のやむなきに至った。最近、再び注目を浴びている小林多喜二《こばやしたきじ》が小説『蟹工船《かにこうせん》』を発表したのは、全日本無産者芸術連盟の機関誌『戦旗』においてであったが、この雑誌も一九三一年に廃刊となっている。

マルクス主義経済学者も弾圧の対象となりはじめ、河上《かわかみ》肇《はじめ》や大塚金之助《おおつかきんのすけ》が検挙された。ただ、岩波書店から『日本資本主義発達史講座』全七巻が、野呂栄太郎《のろえいたろう》、大塚金之助、平野義太郎《ひらのよしたろう》、山田盛太郎《やまだもりたろう》の共同編集によって出版されたのもこの時期であるから、マルクス主義経済学者による研究発表の場が根絶されていたわけではなかった。それどころか、むしろ、マルクス主義こそが読者の共感を呼ぶものであって、論壇の花形であったといってよい。

中央公論社でもマルクス主義を主題とする出版が相次ぎ、たとえば、一九三一年に刊行された『婦人公論大学』叢書《そうしょ》にはマルクス主義の講座も加えて好評を博した。翌一九三二年に向坂《さきさか》逸郎《いつろう》が訳したカウツキー『農業経済学』は数年にわたるロングセラーとなった。

『改造』が社会主義、共産主義を広く普及させることで評判を得たことは前述したが、『中央公論』『改造』の二大総合雑誌においては、マルクス陣営と反マルクス陣営とがしばしば対決しただけでなく、マルクス陣営の中にも、先に言及した『日本資本主義発達史講座』の執筆者からなる「講座派」と、学術雑誌『労農』を舞台に活躍した大内兵衛、向坂逸郎、有沢広巳《ありさわひろみ》ら「労農派」の間に対立が見られたために、論争は三つどもえとなって展開され、論壇時評の誌面を大いに賑わしたのである。

ちなみに、一九三三年に他界した吉野作造の思想は、ブルジョア・デモクラシーと見なされ、魅力を失ってすでに久しかったし、矢内原の同僚だった河合栄治郎の自由主義は広く注目を集めていたが、一部にはこれを「センチメンタリズム」と捉える向きがあった。

こうした総合雑誌の読者層に見られたマルクス主義に対する大きな関心とは裏腹に、一九二六年から三七年七月頃までの時期は、共産主義に対する思想的取り締りが目立っていた。畑中繁雄によれば、共産主義者およびそれに同調または近接した者が検挙の対象となり、共産主義的な言論の弾圧を目的として執筆者が集団または個別に検挙されたという。出版物に対する取り締りは、発行の後に検閲を行う形で見られたが、それはまだ「消極的かつ散発的」であったようだ。

畑中によれば、この時期には、日本の知識層は当時の日本の状況に対して、まだ社会科学的・理論的に批判的な態度を失っておらず、しかも、そうした言論が高い商品価値を維持していたため、出版社も彼らの業績を公にすることに努めた、という。

ところが、こうした事情は、一九三七年の日中戦争の勃発を機に一転する。

再び畑中によれば、一九三七年以後の当局による言論抑圧は、より組織的かつ包括的になった。その特徴を畑中の著作から引用・列挙すると次のようになる。

（一）著名言論人の根こそぎ検挙については前期におけるとまったく変わらないが、検挙は一歩をすすめて、この段階において編集者に伸びていく。

（二）当局の監視はついに各出版企業の経営内部におよび、編集者や経営首脳部や、やがては読者層にもおよんでくるのと同時に、

（三）検閲方針においても、消極的な「事後検閲」にあまんぜず「事前検閲」を要求し、やが

ては題目、執筆者の変更から、ついには官製原稿のおしつけや特殊テーマ採択の強要などをつうじて、ぜんじ編集権の文字どおり侵害にまですすんでいく。

(四)当局みずから「好ましからず」と査定した執筆者の執筆禁止の示達をおこない、それがはじめは多く左翼系執筆者にとどまっていたが、やがて箝口令《かんこうれい》のワクは半公然のうちに大方のオールド・リベラリストにまでひろげられ、戦時政府にたいするいかなる野党的意見も抑圧されるにいたった。

(五)用紙割り当て権をにぎることにより、好ましからぬ出版社への用紙割当量を削減し、経営の物的基礎資材を抑えることによってその社の経営縮小・じりひん解体を策したのみか、のちには「企業整備」に藉口《しゃこう》して同様刊行物やその出版元を、文字どおり業界から「消す」ことも策された。

(六)戦争末期においては、ついに好ましからぬと認めた出版社にたいして直接政治力を発動し、「公然」自廃を強要するの挙にでてきた。

「発禁」すれすれの編集ライン

矢内原事件の当時、『中央公論』編集長だった雨宮庸蔵も、自著『偲《しの》ぶ草《ぐさ》――ジャーナリスト六十年』において、自分の出版人生を振り返り、「日華事変拡大にともない当局の総合雑誌への風当たりは強くなった」と指摘している。明らかに、一九三七年(昭和一二)は日本政府の言論統制政策において大きな節目となっていたのである。

ちなみに、雨宮は、『中央公論』と『改造』を比較して、『改造』が持ち込み原稿をしばしば採用したのに対し、『中央公論』はもっぱら注文原稿のみを出版していたと述べている。その意味で、『中央公論』のほうが、「編集者の意欲」がより強く反映され、紙面にも迫力が生まれたとの自負を持っていたことを明かしている。しかし、その反面、日中戦争を境に、編集部へも当局が積極的に介入してきたことは、『中央公論』にとっては非常に重い意味を持っていたに違いない。

前章において、矢内原の論文「国家の理想」が全文削除になったと述べたが、こうした場合、まず「発売禁止（発禁）」の通知が当局から出ると、書店の店頭にすでに出ていた雑誌は、警察に差し押さえられ、出版社へ返却されてしまう。そこですかさず出版社は問題の論文を削除したのち再び頒布する願書を内務省へ提出するのが常であった。内務省から許可が下りると社員総出で当該論文を、すでに製本してある何千部もの（あるいは一万部を超える）雑誌からすべて物理的に切り取ってゆくのである。

中央公論社で編集者を務めた小森田一記《こもりだかずき》（前記「横浜事件」に連座）は、当時を回顧して述べている。当初はモノサシをあてがって、一部一部、削除処分を受けた作品を切り取っていたが、いかにも非効率的だったので、社員の一人が発禁雑誌専用の小道具を考案した。

このような小道具をわざわざ考案したのは、逆にいえば、『中央公論』編集部が、削除処分を覚悟のうえで、あえて発禁のボーダーラインすれすれのところを狙《ねら》った雑誌作りを方針にしていたことを意味する。実際、雨宮によれば、「発禁すれすれの編集線が、雑誌を商業ベースにのせるラインだった」という。

ところが、この発禁雑誌専用の小道具も、一九三八年夏までには不要になった。三月号に発表された石川達三《いしかわたつぞう》の小説「生きている兵隊」は、中央公論社から特派されて従軍した石川が、日本軍兵士の活動を、その勇ましさも醜さも含めてあからさまに描出した報道文学作品だった。この作品は伏せ字、削除などあらゆる対策を講じて『中央公論』誌上に掲載したが、発売と同時に発禁となった。

例のごとく、問題作品の削除の後に雑誌を頒布する願書を提出したが、今回は待てど暮らせど内務省から許可が出なかった。内務省からの説明では、納本された雑誌には何種類か内容が異なるものがあるという。校正段階で検閲対策にさまざまな手段を講じているうちに、内容の違った雑誌が幾種類かできてしまったのが実情らしい。

しかも、発禁ではことは収まらず、新聞紙法に抵触し、作者の石川達三と編集長の雨宮庸蔵は禁固四ヵ月、執行猶予三年に、発行人だった牧野武夫《まきのたけお》は罰金刑（百円）に処せられたという。このときに『中央公論』の編集長だった雨宮は辞職している。

その後任が小森田だったが、彼の指揮下に刊行された五月号に収録された尾崎秀美《おざきほつみ》「長期戦下の諸問題」という論文が、軍の機密を漏洩するものとして削除処分を受けたのを最後に、発禁を覚悟で編集することを選択肢に入れることが非現実的になってしまった。こうして発禁専用の小道具もお払い箱となったというわけである。

2　政府当局の介入

これまで、矢内原に言論の機会を与えてきた出版界の事情を瞥見《べっけん》してきた。次に、出版界ならびに言論人に対して言論抑圧を加えた政府当局について、目を移してみよう。

一九三七年（昭和一二）六月に発足した第一次近衛文麿《このえふみまろ》内閣は、戦時体制への切り替えの一環として閣内に内閣情報部を新設した。九月二五日のことである。その前身は、一九三六年七月設置の「情報委員会」である。「内閣総理大臣の管理に属し、拡張情報に関する重要事務の連絡調整を掌《つかさど》る」ことをその任務とした機関である。これを改組拡充したのが内閣情報部だった。「情報委員会」と同様、内閣総理大臣の管轄に属したが、その事務内容は次の項目であった。

一、国策遂行の基礎たる情報に関する各庁事務の連絡調整
二、内外報道に関する各庁の連絡調整
三、啓発宣伝に関する各庁事務の連絡調整
四、各庁に属する情報収集、報道および啓発宣伝の実施

内閣情報部には参与一〇名以内をおくとの規定があった。情報部設置の当時、任命された参与は、戦後首相を務めた芦田均《あしだひとし》、講談社創業者で報知新聞社主だった野間清治（一九三八年死去）、当時東京朝日新聞社主筆でのちに政界に転身した緒方竹虎《おがたたけとら》らが含まれていた。

言論統制を目的としたこの新機関は、陸海軍省報道部から派遣された現役将校の主導のもと、「言論指導」を徹底してゆくことになる。

内務省警保局と文部省教学局

矢内原自身の証言によれば、内務省の警保局、検事局、憲兵隊、貴族院議員、衆議院議員、民間の思想家など多方面から矢内原の思想は問題視されたという。一九三七年（昭和一二）一二月に至る諸段階で誰がどのように矢内原の言論活動を問題視していたか、官庁関連の資料はどのようなものが現存しているのか、特定することは容易でない。

したがって、矢内原事件を政府当局の観点から再現することは現段階ではかなり困難であるが、限られた文書や証言から推測すれば次のようになる。

まず、矢内原によれば、内務省、特にその警保局が関与しているとされる。

内務省は周知のとおり、敗戦後にＧＨＱの指令で廃止されるが、戦前・戦中は国内行政において中心的役割を担った省である。担当領域は地方行政、警察、土木、衛生関係であり、今日で言えば、総務省、警察庁、国土交通省、そして厚生労働省を合体させたような存在であった。

一九三七年一二月当時の第一次近衛内閣における内務大臣は馬場鍈一《ばばえいいち》であった。馬場は昭和研究会のメンバーでもあったが、昭和研究会とは「非常時局を円滑に収拾し、わが国力の充実発展を期するため、外交、国防、経済、社会、教育、行政等の各分野にわたり、刷新の方策を調査研究する」ことを目的として設立され、のちの東亜新秩序や大政翼賛会などの原型となるアイデアを提示した知識人集団である。

内務大臣が警察権力を握り、警視総監を指導・監督するわけであるが、実際の警察業務を総合的に担当したのが、内務省警保局である。警保局の指揮のもと、全国の警察組織は統括されていた。とはいえ、警保局は警察そのものとはまったく別組織であり、捜査権や執行権を持たなかった。すなわち、警保局を構成する官吏は局長、書記官、事務官などは警察官ではない行政官にすぎなかった。

矢内原は、特高警察の関与をも指摘しているが、特高警察ないし特高とは特別高等警察の略称であり、各種社会運動の取り締りを任務とする思想警察である。組織面では、特高は警保局保安課の指揮下にあり、一九三七年当時、その課長の地位にあったのは、のちに内務省次官となる永野若松《ながのわかまつ》である。通常の警察業務は、各府県警察部長の監督権にゆだねられた。ただ、特高の活動は例外的に、警保局保安課が各府県警察部特高課長の人事権も掌握し、特高課の活動を直接的に指揮した。

特高は、国家の存立または秩序の安寧にとって障害となる社会運動を取り締まることを任務とするが、その対象はあらゆる種類の労働運動、農民運動、無産政党運動、共産党運動などを含むとされる。しかし、その活動の実態は今日に至るまで闇《やみ》の中のままである。特高の活動を知るために必要な、各府県警察部特高課（ならびに外事課）の会議録は、日本近代史研究者の荻野富士夫によれば、「現在までほとんど発見されていない」のである。

特高や憲兵隊の姿が矢内原の講演会に見受けられたことは前述したが、次章において詳説するように、矢内原事件の場合、その直接的引き金を引いたのは、内務省ではなく文部省である。直接的には当時の文部省教学局が、矢内原の思想を問題視したことが、矢内原事件の発生において大きな役割を演じている。

教学局とは思想問題を取り締まる、文部省内の部署である。その起源は一九二八年に文部省専門学務局内に設置された学生課にまでたどることができる。学生課は、その翌年、学生部に昇格し、高等学校と専門学校の学生に対する思想善導運動の要《かなめ》としての役割を果たした。しかし、一九三三年頃から、学生よりも教員の間での左傾化を問題視する傾向が強まり、これに応じて、学生部は思想局に改組された。これは、思想対策という受身の姿勢から、思想動員という積極策へと方針が転換したことを意味する。

さらに一九三五年、美濃部達吉の天皇機関説が貴族院議員菊池武夫《きくちたけお》によって弾劾されると、このいわゆる「天皇機関説問題」は政府の国体明徴運動を惹起《じゃっき》することとなった。その一環として、文部大臣の諮問機関である教学刷新評議会が設置され、『国体の本義』編纂《へんさん》が企画された。この評議会の答申により、一九三七年、思想局は廃止され、七月に外局の教学局が設置されることとなった。

国体明徴運動と教学刷新運動

教学局は国体の本義に基づく、学校や社会教育団体の思想上の指導と監督を任務とする。一九三七年（昭和一二）三月の『国体の本義』の刊行に伴い、その『解説叢書』や『教学叢書』を編集刊行することで、広報・宣伝機関としての役割も果たした。矢内原事件当時の教学局長官は菊池豊三郎《きくちとよさぶろう》である。菊池はその後、一九四〇年に文部次官に就任、戦後は横浜市立大学学長を経て、日本教育テレビ（現テレビ朝日）取締役を務めた人物である。

しかし、矢内原事件の陰で、菊池に劣らず、いやそれ以上にその名が頻繁に現れる文部官僚は、伊東延吉である。伊東こそは国体原理に基づき、教育と学問の世界を根本的に再編する青写真を描き、実践に移した文部官僚である。

伊東は、一九一六年（大正五）に東京帝国大学法科大学法律科を卒業し、内務省で官僚としてのキャリアを出発させた。その三年後、一九一九年には、文部省に文部事務官として入省したが、当時の文部官僚の多くが内務省出身だったことに鑑《かんが》みれば、伊東もその例に漏れなかったわけである。

伊東が、日本の教育と学問における「教学刷新」運動の要となってゆくきっかけとなったのは、一九二九年に文部省学生部長に就任したことであるといってよいであろう。前述したように、学生課から昇格したばかりの学生部の第二代の部長となったのち、伊東は急速に「思想問題のエキスパート」としてその地歩を固めていった。一九三六年六月から翌年六月までは文部省専門学務局長を兼任し、教育機関への思想的影響力を行使する立場にあった。そして、一九三七年六月、ついに文部次官の地位にまで上り詰めることとなった。当時の文部大臣は内務省出身の安井英二《やすいえいじ》であった。

教学刷新評議会が国体明徴運動の要であったことはすでに述べたが、この評議会の幹事を伊東は務めただけでなく、彼が実質的な審議の指導権も握っていたようである。さらに、国体明徴運動の一環として企画された『国体の本義』の記述内容にも伊東は深く関与していたとされることからも明らかなように、国体原理に基づく教学刷新路線を伊東は実質的・思想的にリードした。伊東は辣腕行政官というよりは、むしろ「教学思想家」としてリーダーシップを発揮したのである。

日本史研究者の前田一男は、伊東延吉が教学刷新運動において果たした役割について、特に教育と学問の関係を再定義した点を重要視している。すなわち、学問研究と教育とは相互に切り離されて存在するのではなく、新たに統合されなければならないという思想を伊東は抱いていた。そして、その根本には、学問も教育も「国体に基づき、国体の顕現を中心とし、肇国《ちょうこく》以来の道にその淵源《えんげん》を有すること」を共通の目的としなければならないという確信があったという。

『国体の本義』は、まさにそうした国体を中心とする学問・研究の新しいあり方を全国的・組織的に普及させることを目的とする出版物であった。編集委員には倫理学の和辻哲郎《わつじてつろう》や国文学の久松潜一《ひさまつせんいち》、仏教学の宇井伯寿《ういはくじゅ》らを迎えたが、実際は、文部省主導のもとで作成された。

そもそも平泉澄《ひらいずみきよし》のような国体論において影響力のあった学者が、こうした形で「国体」に定義を与えることに反対していたことからも推測できるように、『国体の本義』の文面は近代日本の右翼思想に詳しい植村和秀によれば、論争を前もって回避するために晦渋《かいじゅう》な表現となっていた。そのため結果として、皮肉なことに国体思想の普及を目指した書物であるにもかかわらず、きわめて難解な読み物となった。にもかかわらず、『国体の本義』は、全国の高等学校や大学予科などの入学試験に出題され、受験対策参考書を通じても広く読まれたために、その思想的普及の勢いはまさしく燎原《りょうげん》の火のごとくであった。

矢内原事件発生当時、文部次官だったのは、こうした一連の思想運動を指導した伊東延吉であり、また、当時の教学局長官は、伊東のあとを継いで文部次官に就任することになる菊池豊三郎である。国体明徴運動の陰の立役者が文部行政の頂点にあったという事実は、矢内原追放劇のひとつの重要なコンテクストとして見逃すことはできない。

「障碍」としての矢内原の言説

では、文部省にとって「矢内原問題」とは何だったのか。矢内原事件そのものに関する文部省資料はいまだに発見できていないが、そのかわり、矢内原事件の翌年に発生した河合栄治郎休職事件に関連する文部省資料の記載に解答を見出すことができる。

「矢内原教授ノ思想内容ニハ著シク事変遂行ノ障碍《しょうがい》トナルモノアリテ之《これ》ガ急速ナル処置ヲ必要トシタ」

すなわち、矢内原の言論活動は日中戦争を遂行するうえでの「障碍」であると文部省によってはっきり認知されていたのだった。それも「急速ナル処置」を要すると判定されるほど重要なものと捉えられていたのである。実は文部省は河合栄治郎に狙いを定め、彼に弾圧を加えることを意図していたのであるが、そこへ突然目障りになる言論活動を展開しだしたのが矢内原であった。そうであればこそ、一九三九年（昭和一四）の平賀《ひらが》（譲《ゆずる》）粛学の一環である河合栄治郎休職事件に関する資料の中にわざわざ矢内原事件に対する文部省の態度が注記されたのである。

そのような特殊事情はともかく、ここで重要なのは、文部省が矢内原事件の火付け役であったという事実である。日中戦争の遂行というコンテクストの中で、矢内原はその言論活動を文部官僚によって敵視されるに至ったのである。

そのほか、貴族院・衆議院議員からの攻撃をも矢内原は指摘している。どの衆議院議員が矢内原攻撃に荷担したのかはこれまでのところ特定できていないが、他方、貴族院議員のほうは、おそらく菊池武夫男爵（予備陸軍中将）であろう。菊池は美濃部達吉の天皇機関説を貴族院において断罪した人物として先に紹介したが、彼は、藤井武追悼講演「神の国」が掲載された『通信』四七号を議会で示し、「帝国大学教授たる者が、日本の国を葬って下さい……等、国を呪《のろ》った講演をあえて行ったのみならず、このように論文として国民に配布した」と述べて弾劾演説を行った、と橘新は証言している。

3　非難キャンペーンと蓑田胸喜

先に指摘したように、文部省が矢内原事件の火付け役となったとはいうものの、ここで興味深いのは、文部省を中心として、政治家やほかの省庁も矢内原に対する攻撃を同時期に仕掛けていることである。大内兵衛はこれらの動きが連動していたと証言しているが、それを積極的に裏付ける証拠は管見の限り存在しないし、最近の研究もさまざまな言論弾圧の動きが連動していたかどうかについて懐疑的である。

しかし、状況証拠としてなら、興味深い事実をひとつ指摘することができる。それは矢内原攻撃に直接・間接に関与した人々が、矢内原を含む多くの大学教授や知識人攻撃のキャンペーンを張った雑誌『原理日本』の購読者であったということである。

『原理日本』誌による矢内原非難

『原理日本』は三井甲之と蓑田胸喜の編集になる月刊誌であり、その購読者には、文部省次官伊東延吉、貴族院議員菊池武夫、そして木戸幸一《きどこういち》の後を継いで文部大臣に就任した荒木貞夫らが含まれていた。伊東も菊池も矢内原事件に関与していることは間違いなく、その彼らが『原理日本』を購読していたことは『原理日本』から何らかの思想的影響を受けていた可能性を示唆している。さらに、蓑田が政界や軍に持っていたネットワークは幅広く、司法官僚の平沼騏一郎《ひらぬまきいちろう》や陸軍軍人の永田鉄山《ながたてつざん》、東條英機《とうじょうひでき》らともつながっていたようである。

矢内原事件に関する各種のメモワールは、矢内原自身のものも含めて、蓑田胸喜による矢内原攻撃が一九三七年(昭和一二)一一月に行われたことを記している。事実、雑誌『原理日本』は同年一〇月号と一二月号で矢内原の著作を糾弾する蓑田の論文を掲載し、アンチ矢内原キャンペーンを展開した。その上下二部に分けて発表された論文は、「矢内原東大教授の尊厳冒瀆《ぼうとく》・反軍反戦思想と植民地放棄論の学術的批判」と題されていた。これに加筆修正されたものが『真理と戦争　東京帝大教授矢内原忠雄氏の「真理と戦争」の批判に因《ちな》みて』として、原理日本社から単行本として一一月に公刊された。この本には蓑田胸喜の論文に加えて、共著者の三井甲之の「文部当局の看過すべからざる事実」という論文が併載された。

しかし、蓑田による矢内原攻撃は矢内原事件の一ヵ月前に突然始まったものではない。実際

蓑田胸喜（1894－1946）

には、『原理日本』一九三六年二月号の「明治天皇御製・軍人勅諭を拝誦《はいしょう》し孫子《そんし》・クラウゼウィッチを対比して思想戦備完成焼眉《ママ》の急務を論ず」という論文（『蓑田胸喜全集』第六巻収載）において矢内原はすでに攻撃対象となっている。

翌一九三七年一月号においても蓑田は、「矢内原忠雄氏の神話思想と時事批判との不実無根附、三木清氏の日独『防共』協定評批判」と題した論文を発表している。矢内原事件からさかのぼることおよそ二年前からすでに矢内原攻撃の矢は繰り返し放たれていたわけであるが、この事実は意外と知られていないようである。

そのうえこれまでほとんど紹介されてきていないのは、蓑田が矢内原に対して繰り広げた非難の内容である。実際のところ、蓑田が矢内原をなぜどのようにして攻撃したのかという問題にまで考察の筆を進めている論考は寡聞にして知らない。そもそも蓑田胸喜という人物がいったいどのような思想家だったのかという問題に正面から取り組む試みは今世紀に入るまで皆無に等しい状態にあったといっても大過はなかろう。日本敗戦とともに、この狂信的な右翼思想家は忌避の対象となるか、あるいは真剣な学問的探求には値しないものと見なされてきた傾向があるように思われる。

蓑田を「狂信的な」という言葉で形容したが、実際、彼の論文には、学術的論考に見られるような冷静沈着さが欠如しており、そのかわり、その文体は激情が迸《ほとばし》り、批判対象を徹底的に叩きのめす執拗《しつよう》さによって彩られるものとなっている。そのような印象を醸し出す理由としては、ひとつには、後述するように、蓑田が攻撃対象にありとあらゆる罵詈雑言《ばりぞうごん》を浴びせているることがあるが、それに加えて、蓑田の文章には傍点が極端に多い。それも標準的な傍点だけでなく、丸印、二重丸、バツ印、三角印など種類も豊富である。多様な傍点を蓑田が厳密に使い分けていたと思われるふしはない。

しかし、それらは視覚的に独特の効果をもたらしている。傍点はあたかも音楽の譜面におけるフォルティッシモやリタルダンドのように、特に強調したい部分を示しているが、そのような箇所があまりにも多いために、印刷された文面は多種多様な傍点が多数入り交じることで、目がチカチカするような派手さを持つ。その結果、しばしば、執筆者が絶叫しているような印象を与えるものとなっているのである。

ノーベル経済学賞を受賞した心理学者で行動経済学者のダニエル・カーネマンは、ふたつの相矛盾する命題（そしてそのいずれも真ではない）を被験者に提示してどちらが真かと問う心理的実験を行う際に、片方の命題を太字で表記し、もう一方を細字で表示するなら、太字表記の命題を真だと答える被験者が多い傾向があると述べている。つまり、印刷された文章がどのような視覚イメージを持つかということと、その文章の説得力とは相関関係があるのである。だとすれば、極端に傍点が多い蓑田の文体は、おそらく無意識のうちに、視覚的に読者を説得しようとした意欲を反映したものなのであろう。

「真理と戦争」に始まる蓑田の批判

以下においては、これまで紹介されることのなかった蓑田の矢内原攻撃の内容についていささか敷衍してみたいが、その前に彼の経歴について若干触れておこう。

蓑田は一八九四年（明治二七）一月二六日に熊本県八代《やつしろ》郡に生まれた。矢内原よりわずか一年年少にすぎないからまったく同世代といってよい。第五高等学校を経て、東京帝国大学文学部宗教学科に学んだ。彼の学生時代は自由主義とマルクス主義が流行していた時代にあたるが、蓑田はこうした流行に背を向け、国家主義的な思想運動に足を踏み込んだ。

蓑田にとって思想上の師は、東大の教員ではなく、歌人の三井甲之であり、その師弟関係の延長線上に、三井と「原理日本社」という出版社を創設することにもなる。原理日本社は、月刊雑誌『原理日本』をはじめ、数々の書籍や小冊子を発行し、独自の思想運動の拠点となった。

そうした運動の中でも蓑田が一躍脚光を浴びるきっかけを作ったのは、いわゆる滝川事件（一九三三年〔昭和八〕）である。京都帝国大学法学部の滝川幸辰に対して放った批判の矢は、見事に文部省（当時の文部大臣は鳩山一郎《はとやまいちろう》）を動かして滝川を休職処分とし、その結果、滝川が

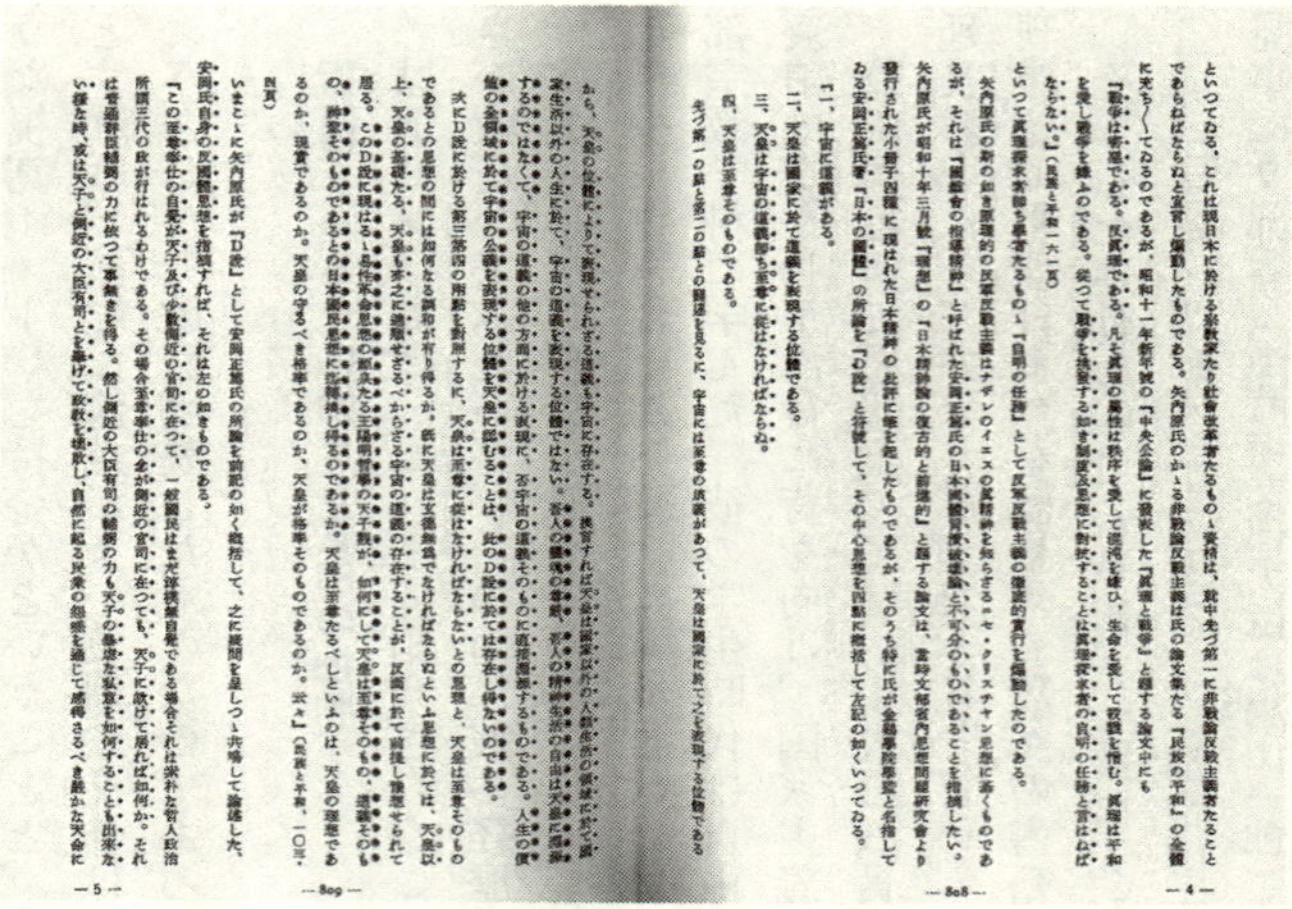
といつてゐる。これは現日本に於ける宗教家たり社會改革者たるもの〻資格は、就中先づ第一に非戰論反戰主義者たること
であらねばならぬと宣言し煽動したものである。矢内原氏のかゝる非戰論反戰主義は氏の論文集たる『民族の平和』の全體
に充ち〳〵てゐるのであるが、昭和十一年新年號の『中央公論』に發表した『眞理と戰爭』と題する論文中にも
『戰爭は害惡である。反眞理である。凡そ眞理の屬性は秩序を愛して混沌を嫌ひ、生命を愛して殺戮を憎む。眞理は平和
を愛し戰爭を嫌ふのである。從つて戰爭を挑發する如き制度及思想に對抗することは眞理探求者の自明の任務と言はねば
ならない。』（民族と平和一六一頁）
といつて眞理探求者即ち學者たるもの〻『自明の任務』として反軍反戰主義の徹底的實行を煽動したのである。
矢内原氏の斯の如き原理的の反軍反戰主義はナザレのイエスの眞精神を知らざるニセ・クリスチャン思想に基くものであ
るが、それは『國維會の指導精神』と呼ばれた安岡正篤氏の日本精神論と不可分のものであることを指摘したい。
矢内原氏が昭和十年三月號『理想』の『日本精神論の復古的と前進的』と題する論文は、當時文部省内思想問題研究會より
發行された小冊子四種に現はれた日本精神の批評に筆を起したものであるが、そのうち特に氏が金雞學院學監と名指して
ゐる安岡正篤氏著『日本の國體』の所論を『D說』と符號して、その中心思想を四點に概括して左記の如くいつてゐる。
『一、宇宙に道義がある。
二、天皇は國家に於て道義を表現する位置である。
三、天皇は宇宙の道義即ち至尊に從はなければならぬ。
四、天皇は至尊そのものである。
先づ第一の點と第二の點との關係を見るに、宇宙には至尊の道義があつて、天皇は國家に於て之を表現する位置である
— 808 —
— 4 —
から、天皇の位置によりて表現せられざる道義も宇宙に存在する。換言すれば天皇は國家以外の人類生活の領域に於て國
家生活以外の人生に於て、宇宙の道義を表現する位置ではない。吾人の靈魂の尊嚴、吾人の精神生活の自由は天皇に媒介
するのではなくて、宇宙の道義の他の方面に於ける表現に、否宇宙の道義そのものに直接連絡するものである。人生の價
値の全領域に於て宇宙の公義を表現する位置を天皇に認むることは、此のD說に於ては存在し得ないのである。
次にD說に於ける第三第四の兩點を對照するに、天皇は至尊に從はなければならないとの思想と、天皇は至尊そのもの
であるとの思想の間には如何なる調和が有り得るか。既に天皇は玄德無爲でなければならぬといふ思想に於ては、天皇以
上、天皇の基礎たる、天皇も亦之に遵據せざるべからざる宇宙の道義の存在することが、反面に於て前提し豫想せられて
居る。このD說に現はるゝ易姓革命思想の源泉たる王陽明哲學の天子觀が、如何にして天皇は至尊そのもの、道義そのも
の、神聖そのものであるとの日本國民思想に接續し得るのであるか。天皇は至尊たるべしといふのは、天皇の理想であ
るのか、現實であるのか。天皇の守るべき格率であるのか、天皇が格率そのものであるのか。云々』（民族と平和、一〇三—
四頁）
いまこゝに矢内原氏が『D說』として安岡正篤氏の所論を前記の如く概括して、之に疑問を呈しつゝ共鳴して論述した、
安岡氏自身の反國體思想を指摘すれば、それは左の如きものである。
『この至尊奉仕の自覺が天子及び少數側近の官司に在つて、一般國民はまだ淳樸無自覺である場合それは素朴な哲人政治
所謂三代の政が行はれるわけである。その場合至尊奉仕の念が側近の官司に在つても、天子に缺けて居れば如何か。それ
は普通群臣輔弼の力に依つて事無きを得る。然し側近の大臣有司の輔弼の力も天子の暴虐な私意を如何することも出來な
い樣な時、或は天子と側近の大臣有司とを擧げて政教を壞敗し、自然に起る民衆の怨嗟を通して感得さるべき嚴かな天命に
— 809 —
— 5 —

『真理と戦争』（竹内洋ほか編『蓑田胸喜全集』第5巻より）

退官した事件である。

その後、蓑田は、特に東京帝国大学法学部および経済学部の教授を標的として一連の攻撃を行い、その名を天下に知らしめた。なかでも天皇機関説でその名を知られる法学者美濃部達吉に対する批判は執拗さを極め、一九三五年前後に蓑田による言論人攻撃は最高潮に達した。

矢内原事件までのおよそ五年間に蓑田の攻撃対象となった知識人には、東京帝大経済学部の河合栄治郎や同法学部の田中耕太郎《たなかこうたろう》、末弘厳太郎《すえひろいずたろう》、そして横田喜三郎《よこたきさぶろう》、さらには京都帝国大学の哲学者田辺元《たなべはじめ》、また法政大学の哲学者で言論活動が旺盛《おうせい》だった三木清や出版人の岩波茂雄《いわなみしげお》も含まれた。こうした非難キャンペーンはただ単に雑誌論文や小冊子の形で発表するだけでなく、そうした刊行物を官庁などで広く配布し、しかも官庁、新聞社にまで乗り込むという徹底

したものだった。

矢内原事件の頃は蓑田による批判攻勢が最も活発だった時期にあたり、矢内原事件以後も京都帝大の哲学者西田幾多郎《にしだきたろう》や早稲田大学の歴史学者津田左右吉らが攻撃対象となった。しかし、一九四〇年代に入ると蓑田の影響力は急速に衰え、四四年には『原理日本』の発行も途絶えた。こうして、蓑田は郷里の熊本へ戻るが、日本敗戦の翌年、一九四六年一月三〇日に自殺を遂げた。

さて、蓑田が矢内原攻撃を一九三六年初頭から開始していたことは前述したが、そのことからも明らかなように、矢内原批判は論文「国家の理想」だけを対象とするものではなかった。もともと蓑田は、『帝国主義下の台湾』をはじめとする矢内原の学術的著作を「共産主義的祖国呪詛《じゅそ》的」として問題視していたようであるが、公然と矢内原攻撃を開始するに至ったきっかけは、矢内原が『中央公論』一九三六年一月号に発表した「真理と戦争」という一文である。「真理と戦争」は、その半年後、『民族と平和』（岩波書店、一九三六年六月刊）という時事論文集に収められた。

蓑田が論文「真理と戦争」をどれだけ深刻に問題視したかは、彼が矢内原事件直前に発表した著作のタイトルを『真理と戦争』としたことに明瞭に現れている。論敵の論文タイトルをもって自著のタイトルとすることを弁明して蓑田は、自分の学術的批判の立場が、「対象の根本的理解から出発する内在的批判の方法を蓋《がい》して究極原理を闡明《せんめい》し、以て我が一般学界思想界に反省反応を促さんとする見地から選択された」と説明している。

つまり、矢内原の展開する論理の中に陣取って、その内側から批判を展開することを通じて、「真理とは何ぞや」「戦争とは何ぞや」という問題に解答を与え、かつ蓑田が考える「究極原理」を明らかにしようとしたということである。すなわち、矢内原の主張に対する否定から、自分自身の根本主張の開陳に至ろうとする態度を表明している。

蓑田による矢内原批判は、分量的に決して多くはないが、その批判対象が論文「国家の理想」や論文集『民族と平和』にとどまらず、矢内原の学術的著作である『帝国主義下の台湾』や『満洲問題』にもおよんでいる。さらには美濃部達吉や末弘厳太郎、三木清らへの批判も同時に展開されているように、蓑田が提示する論点はきわめて多様であり、ひとつひとつの論点が直線的に発展するように展開されていないため、あたかも機関銃を四方に乱射するかのように拡散的な印象が強い。したがって、批判の内容を手際よく要約することはなかなか難しい。

矢内原の進化的発展的秩序観と信仰を問題視

しかし、その一方で、蓑田の矢内原批判の基本主張は、一九三六年（昭和一一）から翌年にかけて発表された各論考において比較的一貫しており大きな変化は見られない。そこで蓑田の矢内原批判に通底する論点を三つに絞って解説すれば次のようになる。

第一に、矢内原に対する最も明白な異論は、論文「真理と戦争」で矢内原が「戦争は害悪である。「反真理である」と述べたことに反対するものである。前章において見たように、矢内原にとって真理はふたつの属性を伴うものであり、ひとつは秩序＝法則性、もうひとつは理想＝生命性である。

まず、秩序としての真理という論点については、人類社会から自然現象および全宇宙に至るまで、秩序・法則性が支配するというのが学問探求の基礎的公理である、と矢内原は考える。その意味で、法則性の探求が学問の目的であるということになる。

他方、理想としての真理とは、自然および社会は、全体としては完成を目指して進歩しつつあるとの信念を矢内原は表明する。そしてその生命性としての真理は、真理探求者のうちにこの理想を追求する熱意を喚起する、と矢内原は述べている。

このような矢内原が前提とする進化的発展的秩序観を蓑田は攻撃する。すなわち、矢内原が自然現象と人間社会における現象の区別について論じないことを指摘しつつ、その進化的発展的秩序を持つ自然界において、バラはとげを持ち、蜂《はち》は針を有し、マムシには毒があり、虎には牙《きば》がある。このことから明白なように、自然界には弱肉強食という生存のための死闘が行われている「事実」が厳然として存在する。

人間においても事情は同様であって、進化的発展的秩序のため人間も武装し兵器を開発する。現実には戦闘状態になくとも潜在的には戦闘しうる状態にある、というのが蓑田による人間世界の現実把握なのである。だから、表立っては戦争がなくとも、少数の英国人が何億というインド人を搾取する「事実」を、矢内原なら「平和」だといって賛美するのだろうと揶揄《やゆ》している。

また、矢内原がキリスト教的立場から平和を唱えていることに異を唱えて聖書解釈にも考察の筆を進める。たとえば、「マタイによる福音書」五章三九節「悪人に手向かってはならない。だれかがあなたの右の頰《ほお》を打つなら、左の頰をも向けなさい」や同書二六章五二節「剣を取る者は皆、剣で滅びる」を根拠に平和主義を唱えるなら、と蓑田は問う。それではなぜイエスはこういったのか。

「わたしが来たのは地上に平和をもたらすためだ、と思ってはならない。平和ではなく、剣をもたらすために来たのだ」(「マタイによる福音書」一〇章三四節)。しかも、マタイは次のようにも報告している(二一章一二―一三節)。「それから、イエスは神殿の境内に入り、そこで売り買いをしていた人々を皆追い出し、両替人の台や鳩《はと》を売る者の腰掛けを倒された。そして言われた。『こう書いてある。「わたしの家は、祈りの家と呼ばれるべきである。」ところが、あなたたちはそれを強盗の巣にしている。』」。

このように、「反平和」は「反真理」だ、というなら、イエスも当時のユダヤ教やローマ帝国に対して秩序と平和の破壊者だったではないか、と蓑田はいうのである。このように「平和が真理である」という矢内原の命題を反証で崩すことを試みつつ、その批判対象となる思想を「幼稚愚劣」であると罵倒している。

蓑田による矢内原批判において注目すべき第二の点は、矢内原がクリスチャンであることそれ自体に異を唱えているわけではないことである。蓑田にとって矢内原が非難されるべき理由のひとつは、矢内原が「エセ・クリスチャン」であることであった。

蓑田によれば、矢内原がイザヤの預言に真理としての平和の理想を見るのは、ユダヤ教ないし「ユダヤ神話」を盲信する結果である。しかも、矢内原は「日本神話」を盲信することを排撃していながら、ユダヤ「神話」を盲信するのは自家撞着《じかどうちゃく》であると蓑田は断じる。

さらに、矢内原が旧約聖書を権威としてよりどころとすることから、ユダヤ教とキリスト教との相違をまったく無視していると蓑田は推論し、このような混同を「無学」「無節操」であると痛罵している。そもそも、蓑田によれば、ユダヤ教は「非人道的選民思想」であるが、そこから発生したキリスト教が「超民族的の世界宗教」へと成長しえたのは、キリストの信仰が、イスラエルの神エホバを原理としたものではあったが、それを「内的に深化し浄化したもの」だったからである。

蓑田にとって、キリスト者である矢内原がマルクス主義的な方法を植民政策研究で応用していることは、さらなる「思想的混乱または破綻《はたん》」を示すものであった。つまり、「反宗教」すなわち「反キリスト教」的なマルクス主義に「媚態追従《びたいついしょう》の態度を以て」『帝国主義下の台湾』をはじめとする学術的作品が書かれていることに、矢内原が「クリスチャン・マルキスト」「ニセ・クリスチャン」であることを看取できるというのである。

蓑田は、自分こそが真のキリスト教理解、真のイエス観を有していると自負していたようである。前述のように、矢内原による絶対平和主義的な聖書読解に対する反例を聖書の記述からいくつか取り出して批判している。さらに、九州帝国大学教授で地質学者、教育学者として知られた河村幹雄《かわむらみきお》のキリスト教信仰が、キリスト教の「全き日本化」を目指すものであり、かつ「祖国主義」者としての真のイエス観を示すものとして蓑田は称揚している。

キリスト者を自認する矢内原に「エセ・クリスチャン」とレッテルを貼《は》り、批判対象となる人物の信用失墜をはかるような言説を用いるのは、蓑田が繰り返し用いた戦略であった。矢内原に限らず東京帝国大学教授を務めた学者たちに対しても、このような「幼稚」「愚劣」な人物が東京帝国大学教授という社会的に高い地位を占めていてよいのか、と問いただすことで、その人物の社会的信用に疑いをかけると同時に、文部省をはじめとする政府関係者に然《しか》るべき対処を迫るという戦術を蓑田は好んで用いた。

矢内原の理想主義と蓑田の「現実主義」

それにしても、そもそも矢内原がキリスト教信仰を持っていること、それ自体を非難しなかったのはなぜだろうか。蓑田はいう。「真のクリスチャンは断じて日本国体に背反するものではない」からである。

蓑田にとって、日本は「世界文化単位」であった。すなわち、日本精神、日本文化は「仏教も儒教も西欧哲学も近代科学もまた〔矢内原〕氏らが信ずる基督教をも、歴史的事実として選択摂取し来《きた》っている」。つまり、仏教や儒教によって代表される東洋精神文化の伝統と理想の展開を現実に担っているのは、もはやインドでも中国でもなく、日本である。

明治維新以後、古代ギリシャの学芸とユダヤに源流を有するキリスト教、古代ローマの法学思想、そして近代の科学思想といった「全体としての西洋文化」も、ことごとく日本が選択摂取したと蓑田はいう。したがって、日本文化の内容はそっくりそのまま世界文化であり、日本はすでに確立された「世界文化単位」にほかならない、と主張するのだ。そうであればこそ、キリスト教も世界文化単位である日本文化の一部なのである。

これは蓑田がその著書『世界文化単位としての日本』（一九二九年〔昭和四〕刊）で展開している立場であるが、この基本的立脚点を矢内原批判でも再確認・再強調している。

しかし、東西両文化の渾然《こんぜん》一体化への道程は決して平坦《へいたん》ではない。「世界史の開展の先駆者として綜合《そうごう》的人類文化創造の第一線に立ち険難の隘路《あいろ》を開拓すべく悪戦苦闘しつつあるものが祖国日本である」と蓑田は断じる。すなわち、「われら日本民族の双肩には、この世界文化史の根本問題と相並んで、全世界中幾億有色人種の現在および将来の政治的運命の人道問題までが掛かっている」とし、いわば日本は「人道の十字架」を負うものだとキリスト教的レトリックを持ち出している。キリスト教も含めた全世界の全思想が日本文化に体現されているという視点からすれば、なるほど矢内原がキリスト者であるということ、それ自体は問題視されえないことになる。

「世界文化単位としての日本」という考え方の背景には、儒教や仏教、キリスト教などを生んだ各文化圏が、その理想の実現にことごとく失敗してきたという蓑田の歴史認識がある。すなわち、普遍的で超国家的、超民族的な理想といえども、蓑田の考えでは、それが現実においてどのように現象として現れるかによってその価値が決まる。宗教的啓示などというものは、それ自体は蓑田にとって「迷信的」なものにすぎず、その啓示の価値内容が「歴史的開展」の中で「実証」されなければならない、と主張している。このように思想が現実にどう顕現するかによって、その思想の評価を定めようとする態度が蓑田には顕著であり、これがここで指摘した彼の思想的特徴の第三点である。

理想的価値が現実において「実証」されなければ「迷信」に等しいという考え方は、蓑田が「現実主義」と呼ぶ立場であるが、これこそは蓑田の思想的支柱のひとつである。矢内原が『民族と平和』の中で、キリストに罪を許されること、それが戦争廃止に至るたったひとつの道である、と論じているのを引用して蓑田は叫ぶ。「事実を見よ！」と。すなわち、キリスト教の歴史は、中世ヨーロッパの十字軍の遠征や宗教改革以後の血なまぐさい宗教戦争などの事例に満ちあふれており、キリスト教信仰のみが戦争廃絶への唯一の道であるという矢内原の主張を「虚妄」であると一蹴《いっしゅう》する。

さらに、蓑田の「現実主義」は、矢内原の「国家の理想」における中核的論点と鋭く対立する。先にも見たように、矢内原によれば、正義は国家が定めるものではなく、正義こそは国家を成立させる根本原理である。すなわち「国家が正義を措定するのではなく正義が国家を指導すべきである」という主張は、蓑田によれば「現実無視の抽象的観念論」であるという。「正義が国家を指導する」というのは、正義を実体化し、擬人化するものであり神話的である。国家というものは歴史的社会的な現実であって、正義はその人間生活の意識内容である。蓑田にとっては、個人に関しても国家に関しても「現実の歴史的条件」を見据えることが重要であって、矢内原の掲げる理想は抽象的な「空理空論」にすぎない、という。

蓑田の考える「日本精神」とは、このような抽象的な空理空論ではなく、「現実主義」的なものであった。すなわち、「日本精神」は「本来古事記の神話からして人生的歴史的生成発展的のもので、クリスト教や仏教の如き超人生的超歴史的閉塞《へいそく》凝固的または理知瞑想《めいそう》的静観厭世《えんせい》的のものではない」のである。他の文化圏では無力化した儒教、仏教、キリスト教も日本においてはじめて生命を得る運命にあると蓑田は主張するが、それは日本精神が、キリスト教的に現世を超越する視点を持ち出したり、仏教的に厭世的になることで現世を拒否するのではなく、あくまでもこの世において歴史的に生成しつつあるものであるからだという。

「侮日的」「抗日的」言論人への攻撃

これほどまでに、歴史的に生成しつつあるものとしての日本精神の「現実主義」を説いていながら、日本近代史研究者の植村和秀が指摘するように、蓑田は日本の歴史そのものに言及することがほとんどなかった。蓑田のいう日本の「現実主義」は決して歴史的観察に立脚するものではなく、ひとつの信仰にほかならなかった。原理日本社の結社宣言には、「世界文化単位」としての日本という思想を表明したうえで次のような信仰告白が記されている。

「故にわれら日本国民にとって『日本』は『世界』であり『人生』そのものであり、われらの内心に生くるところの『宇宙』である。故に『日本』はわれらの人生価値批判の綜合的基準――『原理日本』であり、宗教的礼拝の現実的対象――『永久生命』である。それは祖国日本を防護せんとする実行意志であり『日本は滅びず』と信ずる一向専念の信仰である」

こうしてみれば、矢内原による当時の日本における政治的現実に対する理想主義的批判が、ことごとく日本に対する「呪詛」であると蓑田が考えたのも首肯できる。矢内原の批判を支える視座は、蓑田の考える「世界文化単位としての日本」への信仰によって支えられているものではなく、むしろそれにとってひとつの対抗原理だったからである。

日本を超える「正義」を措定し、その地点から現実の日本を批判することは、原理的に日本に対する信仰を否定するものであり、それは、蓑田にとって日本に対する侮蔑にほかならなかった。なぜなら日本こそが「世界」であり、「人生」であり、「宇宙」そのものであるはずだからだ。日本が究極的価値を体現していることを矢内原が原理的に否定していること、それこそが、蓑田が矢内原の言論活動を「侮日的」「抗日的」と繰り返し非難したゆえんであろう。

このような「反国体性」の強調、「侮日的」「抗日的」というレッテル貼りに関連して指摘しておくべきは、蓑田本人にとって矢内原に批判を浴びせることは矢内原に対する攻撃を意味したわけではなかったという点である。むしろ、主観的には事態は正反対であって、矢内原が蓑田の信じる「日本」に攻撃を仕掛けてきたのに対抗して「日本」を防衛していたと思われる。

たとえば、矢内原が、キリスト教によって日本精神、日本国体を清める必要を主張したのを捉えて、蓑田は、こうした主張は、日本国体がそのままでは「汚れたるもの」であると言っているに等しいという。そして、そのような「誤謬《ごびゅう》凶逆論理の刃」は、皇軍兵士が「天皇陛下万歳」を叫んで戦死する時の深い心情と忠義を「切り裂く」ものであると断罪している。

すなわち、矢内原の思想こそが攻撃的なのであり、蓑田は、主観的にはこうした攻撃に反撃を加えていたのであろう。蓑田にとって、自分の言論活動は、矢内原に限らず、すべての「侮日的」言論人による攻撃から「日本」を防衛する行為だったに違いない。蓑田の主著が『国防哲学』と題されている点は、その意味で示唆的である。

蓑田が『原理日本』誌上で矢内原批判を展開し、『真理と戦争』を公刊することで非難キャンペーンを張っていたことを矢内原は知っていた。しかし、矢内原は蓑田からの批判にまったく応答しなかった。

4 周辺への捜査

前章において、一九三七年（昭和一二）一〇月一日に開催された藤井武第七周年記念講演会が、その平和主義的な主張にもかかわらず目立った妨害に遭わなかったことを記した。しかし、その講演の内容は当局が黙認するところとはならなかった。伊藤祐之の司会で、矢内原忠雄、金沢常雄、小池辰夫が講壇に立ったその日の講演記録はいずれも発売禁止処分の憂き目に遭ったのである。

発禁処分を受けた、金沢常雄の個人雑誌『信望愛』一一月号には、彼の藤井武第七周年記念講演「神の真実」が掲載されていた。金沢は警察と検事局の取り調べを受けた。これは金沢個人にとって「最大の筆禍事件」となり、以後、金沢の非戦論は後退を余儀なくされたようである。

伊藤祐之の個人雑誌『新シオン』一一月号もまた発禁処分となった。これも、藤井武第七周年記念講演会の「開会の祈り」、そして小池辰夫講演「別の道」が掲載されていたことが問題視されたのであった。伊藤は一二月に入って家宅捜索を受け、検事局送りとなったが、翌年六月二二日に不起訴処分となっている。

さらに、一二月一日（矢内原忠雄が東京帝大に辞表を提出する日）には、八月の大山聖書講習会に参加したある少女が、友人に宛てて一通の手紙をしたためていた。それによると、巡査が一一月三〇日午前九時半に「呼び出し状」をもって自宅を訪れた。彼女は一時間半ほど自動車に揺られて警察署に到着。午後一二時一五分から七時一五分までの七時間を「小さい椅子」の上で過ごした、という。終始一貫して取調官が彼女に質問したのは、もっぱら「矢内原先生が時局に関して、又その他現実の問題などにふれ」た事柄についてであった。この少女は次のように答えたと記している。

「何も矢内原先生のみの奇異な発言ではない。この世の全然信仰なき人がきいたら或いは非常に意外に感ずる点があったかもしれないが、私たち少しでもこの信仰をもち、聖書の真理を生命とするものにとっては、そう意外には感じません。当たり前の事です」

この少女の文面からは、取り調べが、七時間にもわたったとはいえ、特に過酷なものだったとの印象は受けない。むしろ、取調官はしばしば「おそくなってすまない」と言ったという記述からしても、比較的平穏なものだったようである。この少女は神の加護を祈って半日を警察で過ごし、その証言は取調官が清書し、彼女に読んで聞かせたうえで、誤りは訂正した、という。

ところが、おそらくこれは比較的幸運なケースだったのであろう。前章で触れた大山聖書講習会を主宰する藤沢武義は、矢内原の講演旅行直後、検挙され、二ヵ月以上留置された。大山聖書講習会の参加者も、ほとんどすべて警察に呼び出されて取り調べを受けた。

この事例からも明らかなように、矢内原忠雄に関する取り調べは、矢内原主宰の聖書集会に参加した人々にまで広く網をかけていた。その発端は、大山の講習会で、矢内原が開講に際し、「今回講演旅行に出てきた目的は、戦争勃発の危険を座視するを得ず、身を挺《てい》して真理のために戦うのである」という趣旨の発言をしたと、受講者のノートに記録されており、そのノートが押収されたことだった。そこで警察は、講習会の性格や、矢内原の発言内容について、受講者たちに「根掘り葉掘り訊問」することとなったわけである。

このように、一一月には、矢内原に対する当局の監視は、その周辺の人々にもはっきり感得できる段階に達していたのである。実際、無教会キリスト者の藤田若雄は、八月の大山聖書講習会の参加者が検挙、取り調べを受けたという情報が入ってから、「集会の空気が異常に緊張し始めた」と証言している。

蓑田による矢内原攻撃のパンフレットの公刊に呼応するかのように、一九三七年一一月に入って、急速に矢内原は当局の包囲網に落ちたのであった。

第三章　東京帝国大学経済学部をめぐる抗争

1　揺れる経済学部

一九三七年（昭和一二）、東京帝国大学経済学部は内部紛争に明け暮れていた。教授間の権力闘争である。いつどこの国の大学でも政治抗争と無縁なところは皆無といってよいだろうが、一九三七年の東京帝大経済学部におけるそれは、苛烈《かれつ》さにおいて稀《まれ》なものだった。

河合栄治郎派、土方成美派、少数派

時はややさかのぼって、一九三六年（昭和一一）三月のことである。自由主義的論客としてその名を知られた河合栄治郎（一八九一―一九四四）が第八代経済学部長に選出された。その前任者は、東京帝大経済学部における反マルクス主義派の代表的存在だった土方成美《ひじかたせいび》（一八九〇―一九七五）である。

この二人は、実はそれぞれ経済学部の二大派閥のリーダーであった。新経済学部長の河合は、トーマス・H・グリーンの社会哲学に深い影響を受けた経済社会思想家であった。一九二六年(大正一五)に教授に就任、社会政策講座を担当した。学生の面倒見がよく、自宅の門戸を開放して、学生たちとさまざまな話題をめぐって歓談することもしばしばだったという。反マルクス主義的ではあるが国家主義にも与《くみ》さない派閥のリーダーであり、その門下生には大河内一男や木村健康《きむらたけやす》、安井琢磨《やすいたくま》ら戦後日本経済学の指導者となった面々がいることでも知られる。

他方、一九三三年四月から三六年三月と三七年四月から三八年三月の二度にわたって経済学部長を務めた土方は、口下手で学生の間に人気がなく、しかも東京帝国大学法科大学長だった土方寧《やすし》の長女の婿養子となったことがひろく政略結婚と解釈されたために大学関係者の間でのイメージはあまりかんばしくない人物だった。しかし、反マルクス主義の若き論客として当時その名を広く知られ、また、日本経済の実証的研究の先駆者でもあった。一九三九年の平賀粛学を契機に東京帝大教授を辞職したのちは、中央大学などで教鞭をとった。

河合派は元来、田辺忠男《たなべただお》、中西寅雄《なかにしとらお》、荒木光太郎《あらきこうたろう》、山田文雄《やまだふみお》、そして河合自身も含めて五教授からなり、「五人組」と呼ばれたが、それに加えて前述した若手の三人である大河内、木村、安井を含む最有力派閥だった。

一方、土方派の中心人物だったのは、西洋経済史を専門とする本位田祥男《ほんいでんよしお》教授(一八九二―

一九七八）である。マックス・ウェーバーを我が国に紹介した最初期の一人であり、その弟子の一人に日本のウェーバー研究の第一人者だった大塚久雄《おおつかひさお》がいることでも知られる。しかし、本書の文脈では、土方派に属する有力教授の一人であったことが特に注目に値する。のちに平賀粛学に抗議して東京帝大を辞し、立正大学や明治大学などで教鞭をとった。土方派の中核メンバーにはこのほかに橋爪明男《はしづめあきお》助教授がいる。

一九三六年三月当時、経済学の教授は総勢一三人。そのうち河合派と土方派は合わせて「多数派」と目されていた。これに加えて、マルクス主義派ないしは少なくとも反マルクス主義的ではない「少数派」が存在した。この「少数派」の中心人物が大内兵衛（一八八八－一九八〇）である。

土方成美（1890－1975）

大内兵衛は大正・昭和のマルクス主義経済学を代表する存在であった。日本の統計学の始祖高野岩三郎《たかのいわさぶろう》門下の筆頭格で、一九二〇年に森戸事件に連座し処分されたが、特赦により復帰した。一九三七年に教授に昇格したが、翌年教授グループ事件で検挙された。一九四四年に無罪が確定したが大学は辞職。しかし、その翌年敗戦とともに再び東大に復帰、といった具合に戦中期には波瀾に富んだ経歴の持ち主である。東大退官後、法政大学総長を務めるとともに、社会主義の理論的指導者として美濃部亮吉《りょうきち》の東京都政にも多大な影響力を持った。

同じく「少数派」に属した舞出長五郎《まいでちょうごろう》（一八九一－一九六四）は、高野岩三郎に師事した経済学史の専門家であった。一九三八年土方のあとを継いで経済学部長に就任し、戦後、国家主義的な教授たちの退陣に伴い、大内や矢内原の復学に尽力したことでも知られる。「少数派」の中では最年長の上野道輔《うえのみちすけ》（一八八八－一九六二）は、一九一九年に教授に就任した、日本における近代会計学の祖である。

そして、矢内原は「少数派」を構成する四教授の一人であった。

この「少数派」はその源流を訪ねれば高野岩三郎にたどり着く。大内や森戸事件で有名な森戸辰男は高野ゼミの出身で、舞出は高野の力添えで助教授に就任した。上野は大内や森戸とともに高野が組織した研究グループ「同人会」の一員だったし、矢内原は大内らと並んで、高野が、研究者として有望だと判断し、経済学部に招聘した社会人のうちの一人であった。

東京帝大経済学部は、一九一九年に法科大学から分離独立して誕生した新設学部で、高野は経済学部創設の陰の立役者の一人だった。創設当時の最有力教授といえば、金井延《かないのぶる》（初代学部長）と松崎蔵之助《まつざきくらのすけ》が挙げられる。彼ら二人が学部内における求心力のふたつの中心であったが、松崎は経済学部発足の年に死去したから、派閥対立は経済学部創立当初にまでさかのぼるものではない。

派閥抗争のそもそもの淵源は、高野岩三郎の辞職に求められる。金井のリーダーシップのもと出発した経済学部のスター教授として、衆目の一致したのが高野だった。高野は、日本における政治学の創始者で東京帝大総長も務めた小野塚喜平次《おのづかきへいじ》らとともにリベラル派として知られ、自身の研究のみならず後進の育成にも力を傾注したために、当初、その息のかかった学者たちが多く経済学部に籍を置いていた。

しかし、高野岩三郎はある事情で、経済学部在籍期間わずか六ヵ月で辞任を余儀なくされた。すなわち、農商務省の要請をうけて、ワシントンで開催される第一回国際労働会議に労働者の代表として出席することとなった。ところが、高野が評議員を務めていた労働者組織である友愛会から、国際労働会議への出席を撤回するよう求められた。

その動機は、日本政府が労働組合を無視していたことへの抵抗の意思表示である。友愛会と農商務省の狭間《はざま》にあって、高野はジレンマに悩んだが、友愛会の意向に添って、国際労働者会議出席を撤回した。しかし、それと同時に、いったんは出席を快諾しておきながら、のちにそれを撤回したことの責任を取って、東京帝大教授を辞任した。

リーダーを失った高野グループは、そののち、転落の一途をたどった。一九二〇年の森戸事件で森戸は東京帝大を去り、森戸の論文を掲載した雑誌『経済学研究』の編集を担当した大内も失官した（のちに復職）。さらに、たとえば、第一章で紹介したが、矢内原と同様、無教会キリスト者で経済学部助教授だった江原万里のような有望な若手も健康を害して辞職（のちに病死）した。こうして高野グループの勢力はみるみるうちに衰えてしまった。

日本の大学や知識人の歴史研究を牽引《けんいん》している竹内洋の詳しい分析によれば、高野グループの退潮とともに、新しいグループが台頭した。その指導的立場にあったのが河合栄治郎と土方成美の二人である。彼ら二人が接近したのは、高野の復職が議題に上ったことがきっかけだったようである。すなわち、若手の有力者として台頭しつつあった二人にとって、経済学部創設時の古参教授が退場すれば、自分たちが経済学部の舵取《かじと》りを担えることを意味していた。ところが、もともとスター教授としてならした高野が復職すれば、実権は高野の手中に落ち、土方と河合の出番は当分なくなることになる。

河合と土方はこうして高野の復職を阻止すべく共同するようになった。すなわち、彼らは反高野グループという点で連合し、山崎覚次郎《やまざきかくじろう》や矢作栄蔵《やはぎえいぞう》といった古参教授たちと連携しつつ「多数派」を形成するに至った。その結果、助手の採用は多数派によって決定され、高野グループすなわち少数派の助手には、助教授への昇進の道が閉ざされた。こうして、河合と土方の二人をリーダーとする多数派と、大内や矢内原などの少数派の派閥対立の構図が出来上がっていったのである。

多数派の異変と土方学部長の選出

さて、河合が学部長に就任した当時、彼は人気教授であったが、それは大学における思想動向の風向きの変化をも象徴していた。一九三六年（昭和一一）頃は、それまで大学で勢力を持

河合栄治郎（1891－1944）

っていたマルクス主義が弾圧されはじめた時期であった。この頃、知的勢力を獲得したのが大正教養主義に似た人格主義、理想主義であり、河合はそのイデオローグとしてにわかに脚光を浴びたのである。

河合は、知識人としてジャーナリズムでも売れっ子だったが、そのような追い風ムードに押されてであろう、学部長としても、さまざまな改革に着手した。そんな飛ぶ鳥を落とす勢いだった河合の行く手に暗雲が垂れ込めるようになったきっかけは、経済学部の人事問題であった。一九三〇年以来、経済学部の定員は教授一三、助教授八と定められていたが、河合が学部長に就任した一九三六年度から教授、助教授、助手各二名の増員が認められたのである。

さっそく、河合は、愛弟子の大河内や木村、安井を助教授に昇格させ、自分のゼミ出身者を助手に任命しようと動きはじめた。河合は自身の大学改造論に従い、研究者、教育者としての能力や人文教育を行う資質を持つ者を抜擢《ばってき》したのだと見ることもできよう。しかし、客観的には、学部長による身内びいきだと受け取られても仕方のない人選であり、当然のことながら批判を招くこととなった。

本来であれば留学後教授に就任するのが慣例だ

ったが、佐々木道雄《ささきみちお》助教授の場合、留学から帰国した一九二七年以来、一〇年間、昇進できないままで、「万年助教授」と陰口をたたかれていた。河合が学部長に就任後、佐々木の昇進が議題として持ち上がるが、河合は、これに積極的ではなかった。理由はふたつ考えられる。ひとつは、佐々木が少数派の助教授であったこと、もうひとつは佐々木の専門である保険学や商業数学を技術学であるとして「帝大の学問ではない」と蔑視したことにあるらしい。

さらに土方の愛弟子だった難波田春夫《なにわだはるお》の場合、河合派の木村や安井と同じ一九三二年に助手になったが、年齢から言えば三歳上だった。年功序列が重要視されていた時代のことであるから、年長の難波田をさしおいて木村や安井が助教授に昇進することは土方から反感を買うこと必至だった。

少数派に属した佐々木助教授の昇進問題と土方派の難波田の助教授昇進問題で、少数派と土方派は、反河合学部長という点で利害の一致を見ることとなる。しかし、そのことは同時に多数派が内部からきしみはじめたことをも意味した。

こうして一九三七年二月、多数派の間で異変が生じた。矢内原の回想によれば、突然、河合と土方の間の連携が崩れたのである。二月一〇日の教授会で河合は大河内などの助教授昇進を提案するが、一週間後の教授会でこの提案は否決された。さらに一週間後の教授会では、今度は佐々木の教授昇進が否決された。経済学部の人事問題はまさに泥仕合の様相を呈したわけである。

河合は同年三月、矢内原の言によれば、「従来の仲間から煮え湯を飲まされて」経済学部長を辞任した。通常、学部長の任期は二、三年のところが、わずか一年での退陣である。

土方と本位田は大内に接近し、三月の学部長改選を視野に入れて会談の場が持たれたようである。その際の合意内容は本位田を新学部長とし、評議員二人のうち一人を大内とすることであった。評議員とは学内行政の重要なポストで、評議員を務めたのち学部長就任、というのが典型的なキャリアパターンであった。そして、実際、本位田は一九三四年から評議員の地位にあったのである。

ところが三月、実際にふたを開けてみたら、学部長に選出されたのは本位田ではなく土方であった。本位田と田辺に代わって評議員となったのは少数派の大内、舞出であった。そのようなどんでん返しが起こった経緯について正確なところは不明である。しかし、とにかく、矢内原が述懐するように「経済学部の政治として非常な変化が起った」ことは間違いない。こうして、河合派は学部内勢力抗争に敗退し、その結果、荒木光太郎、田辺忠男、中西寅雄の三人は河合派から土方派へと寝返った。

それだけではない。土方学部長と大内・舞出両評議員という体制は、土方派と少数派の連合が成立したことを意味した。しかし、前述したように、少数派は親マルクス主義的であり、一方、土方派は反マルクス主義的立場を鮮明にしていた。

しかも、土方は国体明徴、日本主義的経済学の方向性を打ち出し、同一派閥の本位田はもちろんのこと、旧河合派の田辺や中西もそれに同調した。おまけに土方派若手の橋爪明男助教授は内務省警保局嘱託であり、帝大の内部情報を内務省に通告する「スパイ」であった。マルクス主義が国体に反するとして弾圧されていた時代背景に鑑みれば、これらふたつの派閥はまさに「水と油」だったのである。

2　教授会前後の駆け引き

矢内原の回想から

以上のような経済学部内部の権力抗争について、矢内原は詳細を書き残していない。しかも、一九三七年（昭和一二）二月から三月にかけての河合学部長辞任、土方再任の頃には、「すでに学部の政治については興味を失って」いた。矢内原は、土方再任に反対であったし、学部の行政には関わらないようになった。しかも、第一章において記したように、彼の健康状態はますます悪化をたどり、「神経がいら立ち、神経衰弱の気味があった」という。彼が必要としたのはただひとつ「休養」だったのである。

しかし、矢内原は、学内政治に関心を失ってゆく経緯を簡単に記している。まず、彼は、自分が大内兵衛、舞出長五郎、上野道輔三教授と仲がよかったことを証言している。矢内原自身の言葉によれば、自分を含めてこの四人が「殆《ほと》んど毎日研究室に着、御殿の食堂に行き、もっとも勤勉な『大学人』だった」。彼ら四人が結びついていたのは、「学問と講義とに熱心であること、並に人事の情実を排すること」において同じだったからである。

矢内原は、この四人をひとつの「派閥」とは考えていなかったようだが、経済学部の同僚には、「党派的」にしかものを考えることのできない者があり、彼らは、矢内原ら四人にさまざまな形で嫌がらせを企てた、と述懐している。

講義や研究、人事の問題について「潔癖」だった彼ら四人のうち、上野は教授会の停滞ぶりに早々と見切りをつけ出席しなくなった。舞出は、発言を控えるようになり、発言しても中庸の意見が多くなった。結果、残る大内と矢内原の二人だけが激しく意見を述べ、反対論を徹底的に論破した。その激しさに、恨みを抱いた者が少なくなかったようだ、とのちに矢内原は回想し、「今ではすまなく思っている」とさえ記している。

大内と矢内原は舌鋒《ぜっぽう》鋭い論客で、教授会での議論では反論をよく打ち負かしたとの自負を矢内原は有していたようである。しかし、いざ多数決になってみると、大内と矢内原は少数派であって、彼らの意見が通ることは「殆んどなかった」とも矢内原は証言している。

経友会委員二四人の辞任

第一章において、矢内原忠雄の身辺には、一九三七年（昭和一二）一一月に入って急に警察の姿が現れるようになったことを記した。それとちょうど同じ時期、東京帝大経済学部は大いにマスコミを騒がせていた。その理由は、土方が経友会（経済学部の学生自治懇親会）の委員二四人を全員辞任させたからである。この事件は、経済学部が時局に献策し、国家に奉仕するポリシーを決定したものとして大々的に報道された。

東京帝大経済学部による方針転換は、『東京朝日新聞』一一月二五日朝刊の社会面においてトップに扱われたほどセンセーショナルなものだった。

帝大、事変の突風に大転回
　超然派を克服して敢然時局に献策
　　経済学部態度を決定

このような大見出しの記事には、土方・本位田両教授と長与総長の写真が同時に掲載されている。

見出しにいう「超然派」とは、「国民総動員」の時節柄にもかかわらず、超然として象牙の塔に立て籠り、世間の動きには冷然としていたとされる教授グループを指しているが、その中に矢内原や大内が含まれることはいうまでもない。『東京朝日』の記事は、こうした「超然派」が東京帝国大学において支配的だったことを示唆したうえで、一一月二四日の経済学部教授会はこうした雰囲気が大きく変化を遂げつつあることを意味するとして重要視しているのである。

すなわち、学問をするにおいても、「常に国家を念頭に置くべきであり」、このような時局に際しては「徒《いたず》らに傍観的態度を執らず」、大学における研究の成果をもって「国家ひいては東亜永遠の平和のために寄与すべきだ」という意見が東京帝大経済学部内に大きな勢力を占めるに至ったという。結果、日中戦争の収拾に関して積極的に政府に献策をなすことが、五時間の大激論の末、決定したと報じられている。

他方、土方が経友会委員二四人を辞任させた事件であるが、ことの発端は同年一〇月二二日付で文部次官から東京帝大総長宛に「明治節奉祝ニ関スル件」という通牒《つうちょう》がなされたことである。それによれば、一一月三日の明治節に、在京の学校は職員、学生そろって明治神宮に参拝することが指導された。そうすることで「国民精神」を発揚することが狙いであった。この件については、土方経済学部長は法学部評議員とその実施方法をめぐって協議し、有志による参拝とすることに決定した。こうして土方教授、本位田教授、橋爪助教授が数百名の学生を率いて明治神宮に参拝した。

神宮参拝は「有志による参拝」ということにはなっていたが、土方は明らかに全員が参拝すべきだと考えていた。この点については、大内兵衛の回想によれば、大内が参拝しなかったことについて、土方やほかの経済学部の同僚から反感を買う材料となったようである。実際、ある同僚は「君とはもう話をしたくない」と大内に面と向かって言ったそうである。

一方、土方は、この事件を回想して、「戦敗を喫すること」を「極力避け」るためにとった行動であると説明し、そのために「多少興奮し過ぎていた」ことを認めている。しかし、その措置は「間違っていたとは思わない」と付け加えている。

果たせるかな、一一月二四日の教授会において、土方経済学部長からこの神宮参拝に関して議題が提出された。経友会委員の一部に、時局に対する「認識不足」のため「秘密会合」の席上で「好ましからざる」言辞を弄《ろう》した者が存在したとの理由で、学生委員を総辞任させたというわけである。

ただし、経友会の活動を新たに選出された委員によって継続させたいという提案がなされたことを受けて、辞任した二四人のうち一六人が新たに委員に選出された。

この教授会は、新聞紙上を賑わせたというだけでなく、矢内原忠雄の論文「国家の理想」が東京帝大経済学部内で問題視された場となったという点で重要である。この教授会の様子については大内兵衛と土方成美の二人による回想が残されている。しかし、この教授会でどのような討議が闘わされたのか、両者の記述は相互に矛盾する点が多い。いったい、何がどう討議されたのであろうか。

大内兵衛の回想から

一九三七年（昭和一二）一一月二四日、五時間にもわたって開かれた東京帝大経済学部教授会は、大内兵衛によれば、「日本の大学の歴史にとっておそらくは類例のないほどの重要なもの」だった。そこで討議された議題は、大内の回想によれば三つある。

第一は、既述のとおり、土方学部長によって経友会の委員が全員解任されたことである。第二は矢内原の論文「国家の理想」について、そして第三が、大内評議員不信任の発議であった、という。

まず、経友会の一件であるが、それについて矢内原や大内はいくつか疑義を呈したが、多数の教授の関心を呼ぶところとはならず、土方の発議をそのままに容《い》れて即決した、という。大内は、これに関連して、翌二五日の『東京朝日新聞』朝刊とその翌日の夕刊で取り扱われていると指摘している。

大内兵衛（1888－1980）

ちなみに、大内は土方・本位田両教授が朝日新聞社の記者に対して「許されぬ愛国心、戦後収拾こそ義務」ということを述べていた、と書いているが、これは事実誤認である。朝日の見出しは「許されぬ無関心、戦後収拾こそ義務」となっており、しかも、これは土方・本位田両教授の言葉ではなく、長与総長の談話の見出しであった。

土方学部長が提出した第二の議題は、矢内原執筆の「国家の理想」についてであった。

大内の回想によれば、土方は紫の風呂敷より『中央公論』九月号を取り出し、矢内原論文の反戦的主張について「時局に際し教授の言論として不穏ではないかと思う」と指摘し、つづけて同僚諸氏に意見を求めた。その論文を読んでいない、とつぶやいたり、そんな問題を突然論じることはできないと語った教授がいた一方で、矢内原論文を明らかに問題視する意見も何人かの教授の口から表明された。

矢内原は終始冷静で、おもむろに立ち上がると、次のように述べたという。

「私の論文について皆さんが議論をしてくださるならば、それは私としてはありがたいことである。しかし、それには皆さんがそれを読んだ上においてしてもらいたい。この席の人々はいままでお説のあった方から考えても、私の論文をお読みになっていない方が多い、そういう人が多いこの席で直ちにいろいろ議論されることはこまる」

土方学部長はじめ、発言する者はもはやなく、土方はこの問題を次回の教授会での審議に先送りすると述べた、という。

大内の回想は、東京帝大経済学部の内部から見た矢内原事件についての証言として最も有名なものである。したがって、その後、矢内原事件について語られるときには必ずといってよいほど典拠として用いられてきた。たとえば、美濃部亮吉は『苦悶するデモクラシー』(文藝春秋、一九五九年)の中で矢内原事件について記述しているが、その内容は全面的に大内の回想に依拠している。

また、大河内一男は、土方が「『国家の理想』を教授会で弾劾し、記録によると矢内原教授の辞任を要求したそうであります」と記している。矢内原事件当時、大河内はまだ経済学部講師で教授会に参加する資格がなかった。したがって、自伝における矢内原事件の回想は、当時の東京帝大経済学部の内部事情に関する直接的見聞に基づくものでなく、自ら記しているように「残された記録や関係者の談話」から推測する域を出ていない。大河内は、大内の回想メモに依拠したと明言していないが、土方主導で矢内原が辞任に追い込まれたという理解を示している点で、大河内の示した事件に対する理解は、大内メモが描いた構図と軌を一にしている。

しかし、このように広く読まれた大内の回想に見られる、矢内原に対して好意的なバイアスは、土方成美経済学部長をいわば悪役に仕立て上げてしまった傾きがないわけではない。たとえば、竹内洋は、『大学という病――東大紛擾《ふんじょう》と教授群像』（中央公論新社、二〇〇一年）の中で矢内原事件をはっきりと土方の策略に基づくものとして描いている。すなわち、土方が大内派の一人としての矢内原に放った矢は「外野（内務省、文部省）からの援護射撃で標的を射とめ、撃ち落としに成功した」とされている。つまり、土方こそが矢内原追放劇の張本人だったというのである。

土方の言い分に耳を傾ける前に、一一月二四日の教授会における最後の議題について付言しておこう。最後の議題は大内評議員不信任案の発議であったが、この論点に移る前に、土方学部長は人事について発言権のない助教授の退席を求めた。そして、土方は「時局に際し大学の門内に愛国思想を高揚せねばならぬとき、たまたま一評議員(大内のこと)と神宮参拝問題について意見を異にし且《か》つ時局の認識についてもその教授の言論と意見を異にするから、わたくしは部長をやめたいと思う」と述べた、という。

本位田教授は、これに続けて、「土方部長は大学としてやめるべき理由はないのであるから大内教授が評議員をやめるべきである」と発言した、と大内は記録している。この一件は、矢内原事件直後に起こり、大内のみならず有沢・脇村両助教授らが翌年二月に検挙(教授グループ事件)された、いわゆる人民戦線事件の前兆であったと見ることもできよう。

土方成美の回想から

さて、土方経済学部長は、大内の回想をでたらめであるとして憤慨している。土方はその回想録『学界春秋記』(中央経済社、一九六〇年刊。一九六五年に増補改訂版が『事件は遠くなりにけり』と改題されて経済往来社から刊行されている)において、矢内原事件の始終について彼自身の理解を開陳している。

まず、矢内原追放劇の責任は、「土方、本位田、田辺一派」にあり、その元凶は土方であると「いわれている」と述べて、次のように続ける。「一体、こんなことが、世間に、たとえ一部であるにせよ通用することは私の甚だ遺憾とするところである」。土方の言い分にしばらく耳を傾けてみよう。

彼によれば、当時経済学部長であったとはいえ、その職は「いわば学部の小使」にすぎなかった。彼の理解では、経済学部長は、教授会の議決を経なければ何もできない無力な存在であり、その意味で、学部長は「ただ教授会における議案の提案者にすぎない」。教授会の議決には、通常過半数の同意を必要とし、例外的に、教授任免については三分の二の同意が必要とされた。教授会の三分の二の賛成を得る見込みがあれば、これを提案して議決を求めることは可能であることを土方は認める。

しかし、教授を退職させる提案など「容易にできるものではな」く、しかも、「人事を議題とする場合、一週間前からの予告を必要とする」と証言している。そうだとすれば、一一月二四日の教授会で突然、矢内原罷免の議題を持ち出すとすれば、それはルール違反であることになる。

ちなみに、教授罷免には教授会の三分の二の賛成票が必要だったことで、土方派にとって矢内原罷免は、仮にそれを実現させようとしていたにしても、なかなか果たすことの難しい課題だったに違いない。なぜなら、当時の経済学部には教授が一三名おり、土方派は土方、本位田、田辺、中西、荒木の総勢五名にすぎなかった。矢内原を含む少数派は四名。

したがって、残りの河合栄治郎、山田文雄、馬場敬治《ばばけいじ》、そして森荘三郎《もりしょうざぶろう》の四名全員の票を獲得しなければ、三分の二を獲得したことにはならない。河合と土方の対立からして河合の票を見込むのは無理な相談であっただろう。事実、河合は、馬場敬治とともにこの教授会で沈黙を守った。この沈黙は、土方派への積極的支持を拒絶することにほかならなかった。

それはともかく、土方は、一一月二四日の教授会に限らず、学部長在任の四年間において、矢内原罷免を議題として教授会に提出した覚えは「絶対にな」く、長与総長に矢内原罷免の勧告をしたこともないと断言している。しかしながら、論文「国家の理想」を議題として提案した事実は、土方も認めている。その背景について彼は次のように説明している。

「私はこの論文を一読して、時節柄不適当であると思った。もっともこの論文は今日読んでみると全く何でもない、たわいもないものである。幸福なる平和時のあげつらいなら別である。しかし、当時としては問題であった。預言者イザヤの言を引いて、如何《いか》にも、わが国が理不尽の戦争をしているようなことが諷刺《ふうし》してある。真っ向から政府に建白するならとにかく（そんな勇気を持ち合わせていた人は、当時の日本では一人もなかったのではなかろうか）、大衆雑誌において諷刺的に時局を皮肉るようなこの論文は、いたずらに人心を腐らせ、前線将兵の士気を阻喪させるだけであって、時局の収拾に何の役にも立たない。特に、これを大衆雑誌に掲載させるのは当を得た事とは思えなかった。とにかく世間でこの論文に対する論議が盛んに行われていた。

そこで、私は当時の学部長として、学外の意見はとにかく、同僚教授諸君が、この論文に対して、どんな意見をもっておられるか、これを聞こうとして十一月二十四日の教授会（当日の教授会は経友会学生委員の解職が主な議題であったと思う）においてこの論文についての教授諸氏の意見を求めた。この提案は、前もって本位田祥男君（現明治大学教授）、田辺忠男君（現高崎経済大学長）などの意見は聞かず、主として私一存でやったことである」

この引用から明らかなように、矢内原論文を土方は、時節柄不適切な、大衆向け政治諷刺論文であると見ている。しかも、「たわいもないもの」と述べているあたりに、不真面目で取るに足りないものと評価していることを垣間見ることができる。「時局の収拾に何の役にも立たない」ような論文を、しかし、土方が問題視したのは、それが世間で問題になったからであり、そこで、同僚の意見を聞いただけだ、と彼は主張している。それは、「世間の論議とは別に大学、特に経済学部の態度を打ち出そうと考えた」からだというのである。

矢内原論文が世間で問題になったというのは、蓑田胸喜による矢内原攻撃のことを意味していると考えて間違いないであろう。「国家の理想」が削除処分を受けたのは九月のことであり、一一月も末になって、世間で論議を呼んでいるというのは、ほかに理由が見当たらない。実際、蓑田が自著『真理と戦争』の中で述べているように、「国家の理想」が削除処分になったことは『帝国新報』で報道された以外は「一般の新聞には報道せられなかったので」、その「事実の意義は未だ一般思想界言論界に認識せられていない」状態にあった。その削除処分問題を蒸し返し、クローズアップすることを試みたのが蓑田だったことに鑑みれば、土方が「世間で……論議が盛んに行われていた」ということの実態はおのずから明らかであろう。

土方は、彼が矢内原論文を議題として提案したのは、「教授諸君の忌憚《きたん》なき論議を開」くことを意図してのことというが、これが真実だとすれば、土方は同僚諸氏が矢内原論文にすでに目を通しており、少なからぬ関心を抱いていたことを彼が想定していたことになる。しかし、「期待した言論は全然得られ」なかったので、次回の教授会で改めて、これに関する意見を求めることにした、と述べている。

「期待した言論」がなかったとは、議論が低調だったということを意味しているらしいことは、土方の大内兵衛、上野道輔らの言論についての土方のコメントに明らかである。土方はいう。

「〔一二月二四日の教授会を捉え〕今日になって、私が矢内原君を追出したといわれるが、何故、これらの諸君は当日与えられた論議の機会を捉え、堂々と私を論駁《ろんばく》しなかったのか。矢内原教授並びにその同調者が、黙して何事もいわれなかったのはなぜか。平素デモクラシーを高調せられる諸君として全く受取れない態度である。（中略）与えられた論議の機会に沈黙していて、平和時の幸福なあげつらいとして、新聞、雑誌、著書に悪口、雑言を放つのは、全く『御殿女中』的態度であるといわれても致し方あるまい」

明らかに土方は矢内原とその「同調者」に論戦を挑んでいたのである。しかし、土方によれば、矢内原は沈黙を守り、大内、上野は「その論文を教授会で問題にすることはやめてくれと発言があった」にとどまったというのである。これは大内の回想と明白に食い違う点である。大内の回想によれば、大内自身は、議論を回避したのではなく議論はみなが当該論文を読んでからにしようと呼びかけたのであった。矢内原も同一趣旨の発言をしたと大内が述べていることはすでに見たとおりである。しかし、土方は、これとはまったく違った事実認識を示している。

加えて、土方は大内の回想が必ずしも真実を伝えていないことを繰り返し強調している。しかし、大内の事実誤認（または歪曲《わいきょく》）の具体例として、土方が挙げているものは、矢内原事件と直接に関係がないのでここではいちいち言及しない。ただし、唯一の例外は、大内の回想と美濃部の叙述によれば、土方は一一月二四日の教授会で「紫の風呂敷から」『中央公論』九月号を取り出したという証言に関するものである。土方はこれを「全く噴飯に値する」と一蹴し、「私は、むらさきのふくさなど持ってはいない」と付け加えている。ところが、矢内原事件当時、経済学部助教授だった脇村義太郎は、昭和四〇年代の座談会において「学部長が紫の風呂敷包みを持ち込んだ」ことを証言しており、「あの風呂敷を今でも忘れません」と強調している。

ちなみに、土方は矢内原との間で「お互に好感を持たない間柄であった」と述懐している。彼は矢内原の学問的業績も「買っておらない」と述べてはばからない。反マルクス主義者だった土方は、矢内原の『帝国主義下の台湾』を、「マルクス理論張りに、日本政府特に台湾総督府の政策を罵倒されたものである」と寸評し、「マルクシストの間では評判がよかったそうである」と述べているから、矢内原の学問に批判的であったことは明瞭である。

矢内原に対する苦りきった感情は次の一節に吐露されている。「矢内原氏は学生に対する告別の講義で『私は豚の如く太って、魂のやせた人間を軽蔑する』とか、『行列の先頭に立って歩くことを好まぬ』とか、さんざん私に対する皮肉をいって東大を去って行かれた。魂の太った人の言い分はちがったものである」

3　東京帝大総長の日記

これまで見てきたことから明らかなように、一一月二四日の教授会で何が語られ、何が争点だったのか、大内と土方の回想の間にはあまりにも食い違いが多い。黒澤明の名作『羅生門』は、ひとつの事件の事実認識が証言者によって大きく異なることを描き、「それではいったい何が起こったのだろうか」という問いで幕となっているが、あたかも『羅生門』現象とでも呼ぶべき様相を一一月二四日の教授会は呈している。その意味で、教授会に自らは参加していないが、大学行政における最高責任者として、経済学部における内紛に関与していた東京帝大総長長与又郎の日記は大いに参考になる。

土方派による「超然派」への反撃

矢内原や大内、土方による記録が後年記された「回想」であるのに対して、長与又郎の場合、

「日記」というほぼリアルタイムの記録である。その点で、記憶違いや時間経過に伴う記憶の変化を最も受けていないと考えられ、矢内原事件の顚末《てんまつ》を理解するには必要不可欠な資料であるが、従来ほとんど活用されてこなかったものである。

一一月二四日、土方は長与総長を訪ねている。長与はもともと病理学者で、医学部長、伝染病研究所所長を歴任したのち、一九三四年（昭和九）、第一二代東京帝大総長に就任した人物である。彼によれば、土方は経済学部の内紛の責任を取って学部長職の辞任を教授会に提出することを希望していたという。長与は土方に辞職を思いとどまらせた。

長与又郎（1878－1941）

「土方経済学部長来、経友会委員中の神宮参拝に関して意見の相違ありたる点、大内評議員との意思の隔離、矢内原事件（中央公論九月号「国家の理想」なる同氏論文に基づくもの）等々学部長として不本意の事件続出其職辞したき希望にて此日教授会に提出する旨を述ぶ。余は同氏が現下の情勢に於て学部長を辞することは内外両方面に対してきわめて不穏当なり、辞職は思い止《とどま》るよう説く」（『長与又郎日記』）

翌二五日午前、経済学部教授森荘三郎が長与総長を訪問し、土方が学部長辞任を申し出たことと、これをうけて、むしろ大内の辞任が当然だという意見が出たと報告している。それと同時に、森は矢内原問題が議題となり、「議論紛々」、結局、土方の辞任、矢内原問題の双方ともに来週の教授会に持ち越しとなったと述べたという。これに対し、長与は「経済学部の自重を希望し、総長として適宜善処」すると答えたとしている。

この段階では、明らかに「矢内原問題」は宙に浮いた状態であり、長与もこれに特に積極的に介入しようとする姿勢を見せていなかったと見てよいであろう。むしろ興味深いのは、一一月二四日の教授会において討議された「進退問題」は、矢内原についてではなく、土方に関するものだったという点である。ちなみに、日本大学史の専門家であるバイロン・マーシャルの研究によれば、この教授会の席上、矢内原自身が自分の経済学部教授としての進退問題となったとの認識を表明した、という。しかし、そのような見解は根拠が弱いといわざるをえない。

ところで、前述のとおり、二五日の新聞には、前日の経済学部教授会に関して、「超然派を克服して敢然時局に献策、経済学部態度を決定」と題する記事が掲載されたが、この事実に関して、『長与日記』には特に何の言及もないことは興味深い。なぜなら、『東京朝日新聞』は、「長与東大総長もこの根本的な方向にはよき理解をもっているだけにこれが描き出す波紋は頗《すこぶ》る大きなものがあり、東京帝大各学部のみならずわが国全学界に大影響を与えるものと見られている」と報じているからである。

同紙が長与総長談として報じるところでは、「経済学部教授会の申し合わせはまだ聞いていない」として、教授会の審議内容の詳細についてコメントをしていない。しかし、その一方で、次のように語っている。

「事変に対し従来の帝大教授は学徒の立場から比較的超然たる態度を取ってきたが、この態度には再吟味される必要があろうと思う。たとい研究室に在る者と雖《いえど》も今回の如き時局に対しては無関心であることは決して許されぬ」

このような発言は、確かに土方・本位田らの主張と軌を一にしていると見てよいであろう。再び『東京朝日新聞』の記事は、「『学問をする上に於ても常に国家を念頭に置くべきであり、したがってかかる時局に際しては徒らに傍観者的な態度を執らず進んで我々の研究の成果を当路に吐露し、以て国家惹《ひ》いては東亜永遠平和のために寄与すべきだ』との意見が東大経済学部内に力強く持ち上り」、したがって、経済学部は今後の戦後収拾に関連して積極的な「献策」を政府に行うことを態度決定したと報じている。

しかし、このような記事の内容は、これまで見てきた一一月二四日の教授会の回想内容と大きく食い違っている。土方をも含めて、経済学部が報道内容にあるような態度決定をした事実は、どの関係者によっても証言されていないのである。しかも、その教授会の席上、土方は辞意を表明してさえいる。これでは、経済学部内部が混乱状態にありこそすれ、政府に積極的に協力する態度決定をなしたとはとうてい思えない。土方派は『東京朝日新聞』にこのような報道をするよう働きかけることで「超然派」への反撃を試みたつもりだったと推定できまいか。

『東京大学百年史』は、「土方等がこのような発表をした背景については不明である」としているが、確かに、土方・本位田らが出所であると理解しなければ、このような報道がなされた事実は説明がつかない。

一一月二七日、『東京朝日新聞』は、経友会問題に関連して「内務省重大視、今後意外の波及か」という見出しの記事を掲載している。それによれば、「文部省では現下の時局に対し東京帝大内の二、三教授並に学生間に甚だしく認識を欠くものがありその言動並に執筆に戦時下の現在看過できないものがありとして安井前文相時代より調査研究を進め大学当局と再三その善後処置につき協議した模様であるが更に内務省方面でも過般来より取締りの立場から内偵中でその結果によっては或いは教授の罷免極端な学生は一応の取調べを行うかも知れない形勢にあり、内務当局は相当重大視しているから意外な波及を見るやも知れない状態にある」と報じている。

政府サイドでは「二、三教授」の「罷免」も視野に入っているというこの記事は、当然のことながら、「超然派」教授たちの危機感をつのらせた。大内は、これを回想して、東京帝大経済学部内部の問題だけなのではなく、「内務省・文部省の外部とも呼応してあげられている火の手であることがわかった」と記している。この新聞報道が一部の学者にどれほど危機感をあおるものであったかは、当時法学部で教鞭をとっていた矢部貞治《やべていじ》の日記に明らかである。

「併し同時にこの際文部省と内務省で『帝大内の二、三の教授の言動執筆に関し』又学生につき、処分問題が考慮されつつあるとの事で、相当の波紋を生ずるらしい。二、三の教授というなかに大内、矢内原などという人がはいっていることは容易に想像されるが、その他にどんな人が意味されているのか？　河合〔栄治郎〕、横田〔喜三郎〕などはどうか。そして僕自身は？」

経済学部の問題が飛び火して法学部の横田喜三郎、そして矢部本人も安全ではないという危機感の表明である。

総長による問題解決のリーダーシップ

おそらくこうした衝撃を背景にしてであろう、この日の動静はめまぐるしい。まず朝一番で、大内、舞出、森の三教授が長与総長を訪問、経済学部諸問題について意見交換した。『長与日記』には会談の詳細についての記述はない。

大内によれば、この面談を求めたのは大内自身であるという。彼は舞出教授と相談のうえ、総長が事態の収拾にあたるべきと判断したようである。大内は、「土方部長の矢内原論難と政府の矢内原の言論調査とは同一の火の手であり、それは内外よりする東大攻撃であることを長与総長に進言し、その防衛について、総長の決意をただした」という。

ところが、大内の印象では、「総長にとって意外な問題であった以上にそれを理解する筋道がぜんぜんわからない問題であるらし」く、長与は「『矢内原問題は君たちが考えているより重大だ』といって沈痛そのもののような顔をしているだけ」だったという。

同日午前一〇時半、木戸幸一文部大臣の私邸を長与は訪ねている。議題のひとつは、木戸による教学局参与就任の要請を長与が受けるかどうか、という点にあったが、意見交換の後、東京帝大総長としてではなく個人の資格で参与の職を引き受けることにしたようである。

この場で討議されたもうひとつの話題は矢内原問題である。長与は木戸に矢内原が「誠意をもって」総長および教授会に陳謝する場合は、「将来を戒め円満に解決」するつもりであると伝えている。しかし、内務省との交渉の結果、問題がさらに悪化し、処分を必要とするような場合にも、「大学の自治を尊重し文部省が強圧的な態度をとら」ないよう希望したという。これを木戸は了解した。

『長与日記』によれば、大学に帰着するとすぐに長与は土方を呼び出している。そこで、長与は、来週水曜日の教授会で再び、矢内原論文を「正面より討議批判する」ことはいたずらに事態を紛糾させるだけだと述べて、問題の解決がいよいよ困難となり全大学規模の問題に発展する懸念を表明している。そして、木戸との懇談内容と同様、矢内原が総長と教授会に陳謝する場合には、「平和に解決する」べく取り計らうことを述べている。土方は、これに大筋では同調したが、「二、三の教授」は強硬意見を持っているとして、問題の打開の難しさを述べたようである。ここにいう「二、三の教授」とは土方派の本位田、田辺の二教授を含んでいると見てよいだろう。

午後三時には、長与総長は大内、舞出両教授と解決策を討議している。この二人は長与の提案に賛同し、矢内原に陳謝の文書を提出させることで円満な解決を期したいということで合意したという。しかし、この点は大内の回想と食い違っている。大内によれば、長与はこの日、「何の決意も示さなかった」といい、大内と舞出が矢内原問題を教授会で論じることを総長が当分、中止することを進言した、という。長与ははたして問題解決のリーダーシップを取ったのだろうか。

明くる一一月二八日、『長与日記』によれば、再び大内兵衛が長与総長を訪ね、矢内原が総長の好意に感謝していること、そして、「謹慎の意を表し」て、総長宛に記した陳謝文の草稿を大内は長与に見せている。長与は一部分を除いて原文をそのままの形で了承した。大内は、矢内原が適宜陳謝文を清書して提出する予定であることを総長に報告している。

一方、大内は矢内原が土方経済学部長に提出するために陳謝文を記したとしても、これを学部長が受理し円満に収めるかどうか気がかりであると述べたようである。この点、長与は「善処」を大内に約束している。

翌一一月二九日、経済学部の重鎮である高野岩三郎が長与を訪問し、経済学部内紛について意見交換している。その対話内容が箇条書きになって長与の日記に記されているが、それによれば、高野は本位田を「きわめて強硬」と見ており、田辺については、本位田とほぼ同じ立場だが「大局を見ている」とされる。

高野自身、一一月二〇日の日記の中で大内兵衛との懇談に際して、「反動分子ノ学内ニ於ケル策動ニ対シ自重ヲ希望シオク」と記している。この時期、高野は、大内と頻繁に会っていたことからも明らかなように、大内を陰でサポートしていた。『長与日記』によれば、大内が明白に矢内原支持の立場にあることを高野は明確に認識していた。

土方については、矢内原の言論についての「可否」を問いただしていると高野は長与に報告している。すなわち、高野が見聞した範囲では、土方は矢内原の言論活動の性格を問題視していたのにとどまり、矢内原の進退問題を問うていたわけではなかったようである。これは土方自身の証言と合致する。

高野との懇談のなかで長与は、一二月一日水曜日に予定されていた教授会を二日間延期することを土方に伝えてあることを述べている。その理由として長与は、次のようにメモしている。

「理由　余の意見決定、文部大臣と協議の必要あり、議会、問題となる件」

議会で問題として取り上げられる可能性がうわさされていたことを、長与は認識していたわけである。

ところが、その日の晩に、長与は、土方が一二月一日に教授会を開催することを通告したとの知らせを受けている。これを長与は「不都合なり」と記している。この時点で、長与は土方が長与の要請を振り切ってあくまでも自分の立場を押し貫こうとしていることを確信した様子である。

その日の日記において、長与は「経済学教授会に矢内原問題を討議せしむべきか否や」と記し、土方を「強硬」と断じている。土方の立場を「教授会の意見は総長の参考になる」という一文で要約しているあたりに、土方が矢内原問題をめぐって総長の指示を仰ぐのではなく、あくまでも総長の態度決定に土方が影響を及ぼそうとする立場であると理解していることが見て取れる。

他方、大内、舞出については、討議「不可」の立場にあると認識しており、その理由を「紛糾大となる」ことを恐れているとしている。これは、大内自身の回想と一致する。前にも触れたように、大内の回想によれば、「総長は土方部長に対して、当分教授会を開いて矢内原問題を議することを中止させるように処置すべしとも進言した」とある。大内らが矢内原論文についての議論を阻止しようとした、という認識は、さらに土方の回想とも合致する。

ただし、この間、矢内原がどのような発言をなし、どのような見解を抱いていたかについては、『長与日記』には一切記載がない。したがって、大内と土方の間に見られた、矢内原の態度についての回想の食い違いについては、特に示唆を与えるものが『長与日記』には見当たらない。矢内原本人による、矢内原事件直後の一九三七年（昭和一二）一二月の記述によれば、この間、「暫く静観の態度を取ってい」たという。

「遺憾の意」表明で収拾しようとした長与

一一月二九日の『長与日記』の記載は、かなり長めである。長与が矢内原問題に頭を悩まし、その思考を整理しようと努めていたことがありありとうかがわれる内容である。

まずはっきりとしているのは、大内と高野は共通して土方の「強硬」な態度に危惧《きぐ》を抱いていたが、これと同様の懸念を、長与もまた抱いていたことである。『長与日記』は、矢内原問題解決に向けて、総長としての対処方針を箇条書きに記している。その第一は、土方が長与とまったく同一の方針を採ることが大学全般のために必要だ、ということである。長与は、矢内原が教授会で陳謝したとしても、その事実を公表したうえで、土方が「国家の理想」に対する批判を公の場で展開する可能性を危惧しており、これを「不可なり」としている。つまり、長与は土方が事態の円満な解決を必ずしも目指していないと理解していた様子なのである。

この点、土方との認識のずれが興味深い。土方によれば、「もともと、長与総長は矢内原氏らの態度を暗いとして嫌っておられ、私どもに同情的であった」という。これは前にも見たように『東京朝日新聞』の報道と合致する印象論である。

ところが、長与は、少なくとも一一月二九日の段階では、土方の行動に批判的であった。そのことは、土方が「国家の理想」を教授会の議題として提案したことを「面白からず」と、長与がその日記に記していることから一目瞭然である。

一方、長与は、矢内原を「学者として立派なり。海外に於ける声価も高し」とし、矢内原をイデオロギー的理由で排斥することを「偏狭」であると記している。長与が矢内原の人格を個人的にどう思っていたかは知る由もないが、学者として高く評価していたことは間違いない。

この点でも、矢内原の学問をまったく評価していなかった土方とは対照的である。

ちなみに、矢内原と大内の証言によれば、長与の矢内原に対する高い評価は、長与本人の見識によるものではなかった。長与の実弟で同盟通信社（現在の共同通信社）の岩永裕吉《いわながゆうきち》から「矢内原ぐらいえらい教授は東大にはいない。あれをやめさせるならば、お前は総長が務まらない」といわれたので、長与は大内に「おれは矢内原君をやめさせない」といったらしい。

このことの真偽はともかく、日記の記述を見る限りでは、長与は、矢内原を守る決心をしており、他方、土方が長与の方針に必ずしも忠実ではなかったことにいらだっていたようにさえ見受けられる。そうであればこそ、長与は日記の中で総長の権限を繰り返し強調している。「意見対立せる時は総長の裁断に依《よ》る。（中略）学部長と総長と意見対立の場合には総長が採決する」。ここには経済学部長に主導権を握られまいとする決意がありありと見て取れる。

しかし、長与の内心とは裏腹に、大内兵衛は、長与がどれほどリーダーシップを発揮できるのか、心もとなく思っていたようである。大内によれば、土方は長与に対してかなり強硬な態度をとり、「教授会はおれの権限で、矢内原・大内をやめさせるかどうかということは、教授会の権限だから、あなたはものを言うことはならん」といったという。これを長与は突っぱねるどころか土方に「絶対に服従する」が、翻って、大内らにも「君たちのいうとおりだ」といって賛意を示していた、という。

このように、大内の目には、長与は八方美人で優柔不断な総長として映っていたことが明らかである。実際、大内は「長与さんというのはだめな人」とまで痛罵している。ちなみに矢内原にとって、長与は「善人ではあるが、いささか勇気に乏しい人」だった。法学部の矢部貞治も、その日記のなかで長与総長の公式談話を「例の軽率さ」という一言で評価している。

一一月二九日の段階で、長与総長はどのような採決の方針を脳裏に描いていたのであろうか。長与は矢内原問題を個人の問題ではなく「大学全般の重大問題」として捉えていた。矢内原問題をめぐる議論は天地に恥じないものでなければならず、それは「大学の為め大学の『自治』の立場」からなされねばならない、と記している。矢内原問題において問われているのは「大学の自治」であるという判断がここにはっきりと記されていることは大いに注目に値する。

長与の理解するところでは、矢内原問題は国法に触れるような性格のものではなく、しかも大学がすべて「時流」に流されるようでは困るとし、「自由思想を抱く者は一人も大学教授たるを得ざるときは大学の学問の自由没落す」と長与は日記に記している。このように、長与は、矢内原の専門的研究ではなく大学外における公的発言がことの発端であったにもかかわらず、矢内原問題を大学の学問の自由に関わる問題として理解していた。

長与は矢内原の言論を「不穏当」であると考えていたようだが、しかし、矢内原が陳謝していることをもって、土方たちによる、それ以上の追及を許さないという立場を鮮明にしていた。要するに、長与において「大学の自治」「学問の自由」という問題は、大学内部に、自由思想排斥の機運が高まっていることに対する懸念として存在していた。

その裏側にあるのは、文部省との関係において、学問の自由が問題視されていたわけではなかったという点である。木戸が「総長を信頼し解決法を一任」したと述べているように、木戸文部大臣との関係はおおむね良好だったようである。しかも、万一文相と意見の一致が見られない場合には、「充分に大学の立場より懇談し余の意見通りになるよう尽力する」決意を記しているところには、文部省との交渉に楽観的だった傾向が見受けられる。

このように、一一月二九日の時点では、長与総長は、矢内原問題を、土方を中心とする反「自由思想」派による矢内原排斥運動と理解していた、と見てよいであろう。長与が矢内原擁護の立場にあったことは明白である。ただ、長与はあくまでも過激ではなく穏当な手段によることに固執していたが、それは結局、「一人も犠牲者を出さぬよう努力する」ということであった。

小野塚喜平次（1871－1944）

長与にとって、矢内原辞職は論外だったが、さりとて、土方の経済学部長辞任も内外への悪影響を恐れてこれを回避する必要があった。しかも、この問題をあくまでも「学内の問題」として処理し、公になることを極力回避しようとしていたようである。そのためには土方が長与と歩調をそろえることだけが解決につながると考えていたわけである。しかし、そのような考えはおよそ土方（派）の承服できるものではなかったことは、以上の考察から明らかであろう。

いずれにせよ、小野塚喜平次前総長の激励や前述の岩永裕吉の意見に動かされて、長与は矢内原擁護の立場を決めたようである。そして、矢内原自身の回想によれば、「議会で予想せられた質問に対し文部大臣の答弁の要旨も作成せられ、問題の『国家の理想』は愛国の至情に出たものであるが、表現において不十分な点があったことに遺憾の意を表明し、それを以て［矢内原の］問題は打切りとする諒解《りょうかい》に到達した」のである。こうして矢内原問題は終息へ向けて大きく踏み出したかに見えた。

ところが、その翌日には思いがけず事態が一転することになるのである。

第四章　辞職の日

1　情勢急転

一九三七年（昭和一二）一一月三〇日、火曜日。『長与日記』によれば、矢内原問題をめぐって、山崎覚次郎、高野岩三郎、土方、大内、舞出らが次々と総長と面会した。そして、この日、矢内原から正式な陳謝状が提出された。その全文が『長与日記』に挿入されている（仮名遣いは原文のまま）。

私発表の言論に関し問題を惹起し閣下に御心配相掛け候事誠に恐縮に存候。私は平生国憲国法に対する服従を貴ぶことは勿論、我日本国を衷心熱愛するものに有之《これあり》、大学令第一条に掲げらるる使命に留意して及ばず乍《なが》ら学問報国の道に精進し来《きた》れる積りに御座候。然《しか》る処《ところ》思想表現の方法上不十分なるものありし為め自己の真意を伝ふる能《あた》はず、教授としての職責上妥当を欠く事なきやの点に付、閣下のご配慮を相煩はすに至り候事誠に不徳の致す処に有之、茲《ここ》に謹みて遺憾の意を明《あかし》仕《つかまつり》候。
尚《なお》今後は十分注意仕る心底に有之候。
昭和十二年十一月三十日　矢内原忠雄　印
総長　長与又郎閣下

右の引用文中にある「大学令第一条」とは、「大学ハ国家ニ須要《すよう》ナル学術ノ理論及応用ヲ教授シ並其ノ蘊奥《うんのう》ヲ攻究スルヲ以テ目的トシ兼《かね》テ人格ノ陶冶《とうや》及国家思想ノ涵養《かんよう》ニ留意スヘキモノトス」というものである。ここでの要は、大学が国家思想の涵養に留意すべき存在であるという規定である。土方学部長も、『東京朝日新聞』に一一月二七日発表した「訓話」において、この「大学令第一条」を空文にしないよう願望した結果が経友会への処分につながったと説明しているように、この条文は、当時の大学内思想闘争の一大焦点であった。

「国体精神」に反する言辞

さて、長与は一一月三〇日、文部大臣官邸において木戸幸一文相、伊東延吉文部次官、菊池豊三郎教学局長官、山川建《やまかわたける》専門学務局長と会談したという。この会談の結果を長与は「文部省の方針を決することとなる」と書いている。すなわち、文部省サイドが長与に対して、文部省の意向を明確に伝えたようである。

文部省の方針とはこうである。「矢内原辞職に決す」。長与は次のように続けている。「大臣官邸に於ける協議の結果、陳謝にては到底収まらず、中央公論以外の二文に国体精神と全く相容れぬ文言数ヶ所にあり、議会に於て質問の出たる場合到底弁明の道なく、大学としても事態の紛糾は免れざるべし、矢内原の辞職以外方法はなしとのことなり」「矢内原の辞職以外方法はなしとのことなり」とあるように、右の記述は文部省側の見解を伝えるものであり、矢内原辞職が文部省の「方針」として示されたということである。

ここで注意を要する点が三つある。ひとつは、「中央公論以外の二文」とあるように、「国家の理想」以外にもうふたつ、問題視された論考があったということである。これまで見てきたところでは、「国家の理想」のほかに問題を指摘されたのは藤井武記念講演「神の国」であることが知られている。後者の「日本の理想を生かす為めに、一先ず此の国を葬って下さい」という一言が問題視されたことはすでに述べたが、そのきっかけは、内務省警保局長安倍源基《あべげんき》がこの言葉に目をとめ、木戸文相へ働きかけたことがあったようである。

「国家の理想」と「神の国」以外に、もうひとつ、文部省が問題視した文書があったことを『長与日記』は示唆している。長与はこの点に関して明言していないが、問題の第三の文書とは、のちに詳しく論じるように、岩波書店から矢内原が前年六月に出版した『民族と平和』である。

第二に注意を要するのは、矢内原の言論において問題とされたのは「国体精神と全く相容れ」ない点があり、議会で議題とされた場合、弁明の余地がないということだった。以前から議会で問題として取り上げられることの懸念は存在したが、それはいよいよ緊急の度合いを増しつつあったのである。

さらに、問題の焦点は文部省によれば「国体精神」に反している言辞であったが、この点に関して長与は次のように書いている。

「その二文を見るに余としても到底許容出来ぬ文言あり。自発的に辞職せしむる外に道なしと決心し……」

前日まで、大学自治を至上の課題と考えていた長与は、新たな資料が示され、それが「国体精神」に反することを指摘されて、その立場を百八十度、転換することとなったのである。

そして第三に、長与が木戸文部大臣ほか文部省関係者と会談したと書いているのは、『木戸日記』の記述と矛盾していることである。

『木戸日記』によれば、一一月三〇日午後三時に、木戸は、「〔伊東〕次官、菊池長官〔教学局長官〕、山川次官〔正しくは専門学務局長〕と矢内原教授処分問題につき協議」したとしているが、ここに長与の名前はない。状況から推測するに、長与はおそらくその場に居合わせていたと考えるほうが無難であろう。そうだとすれば、なぜ木戸の記載から長与の名前が漏れたのであろうか。

夕方四時半に文部省での会談を終えて帰宅した長与を、午後五時、山川専門学務局長が改めて訪問している。山川がなにを語ったかについては不明であるが、長与は矢内原を自発的に辞職させる決意を固めたことを伝え、「山川氏に好意を謝し文相始め諸氏に謝意を伝」えたと書いている。おそらく、山川は、この訪問において、長与の意思の確認を迫ったのではないだろうか。ちなみに、『木戸日記』では、午後五時半、山川局長が木戸私邸を訪れ、長与との会談の結果について報告を受けたとされる。

山川局長との会談に続けて直ちに、長与は大内、舞出両教授を呼び出している。事情説明の後、明日一二月一日の教授会以前に矢内原に辞表を提出させることにした、と書いている。続けて、長与は二人の教授と連れ立って小野塚を訪問、小野塚は長与と「全然同意見なり」としている。

長与は矢内原の辞職が、学内外に相当の反響を呼ぶことを覚悟していたが、もはや構ってはおれないとの認識を日記に記している。「矢内原事件を独立の問題として片付けることが目下の急務となった」と書いているのは、矢内原の言論において問題とされたのは「国体精神と全く相容れ」ない点があり、議会で議題とされた場合、弁明の余地がなく、ことによると国内政治における一大事に発展しかねないということが危惧されたからである。この点に関しては、大内の回想によってより具体的に理解することができる。

政治問題に発展する危険

この日の長与、大内、舞出三者会談の模様は、大内の回想によれば次のようである。電話で急に呼び出された大内は長与の自宅を初めて訪問したところ、長与は血相を変えて「大内君、まことにすまないことだけれども、今まで約束したことはだめだ、約束は取り消したい、そして矢内原君にはやめてもらう」といった。その理由を尋ねた大内に長与は、「神の国」講演の「一先ず此の国を葬って下さい」という一言を問題にしたようである。大内にはそんな言葉がどうして問題になるのか不可解だったようである。

続けて、大内によれば、長与は次のように述べている。

「とにかくきょう文部省から電話がきて、木戸文部大臣が貴族院において質問されることになって、その問題が出たときは、そのことばがある以上は弁解はできない。(中略)もし弁解ができなければ、木戸さんは自分が文部大臣をやめるつもりだ。そして木戸さんが文部大臣をやめれば、必ず内閣がつぶれるか、大問題になる。それは東大の危機につながる。私はそれに耐えることはできないから、やっぱり矢内原君にはやめてもらいます」

大内兵衛の別の証言によれば、「内務省(警察)」は木戸文部大臣に矢内原の「神の国」講演の結びの文句を示して、「日本を葬れ、国を葬れというようなことをいう教授を貴下は放置するつもりですか」と問いただしたという。そこで、木戸は長与総長を呼び出して言った。

「こういうわけだから矢内原をやめさしてくれ、それでなければ私は文部大臣はつとまらない」

このように、大内の回想によれば、木戸にとって、矢内原問題は思想問題ではなく、自分の進退問題に発展する可能性をはらんでいたとされる。しかし、このことは大内の証言によってのみ知られることであって、いささか意外なことに、『木戸日記』によって木戸の考えを確認することはできない。『木戸日記』には、「矢内原問題」について二度会合が持たれたことが記載されているのみである。

しかし、折から議会で問題として取りざたされる可能性がうわさされていた以上、木戸が矢内原問題を議会で質問される可能性を示唆したとしても不思議ではない。すなわち、矢内原問題は東京帝大内部の問題にとどまらず、時の文部大臣をも巻き込む、政治問題に発展する危険をはらみつつあったということが推定されよう。長与が、大学自治の問題を放棄し、矢内原個人の問題として処理する方向転換を果たした背景には、こうした事情が大きく影を落としていたようである。

この点に関連して、後年、南原繁は「日本は滅びよ」という一言が、「信仰上の、宗教の世界の問題」であり、「現実の日本とも学問とも次元の違う純粋な信仰の世界での発言」だったと指摘している。したがって、南原によれば、「むしろ擁護しやすい」ものだったはずだという。こうして、晩年の南原は、矢内原の一言を問題視した木戸文相と長与総長の「知識の程度、教養の程度」がむしろ問題だったと評価している。

さて、長与は矢内原辞職に決したその日、午後一〇時に帰宅している。その晩に、翌日マスコミに発表する談話をしたためている。

「矢内原教授の言論が問題となって居りましたことに就て私は先般来慎重に研究考慮中でありましたが本日矢内原教授は自発的に私の手許《てもと》まで辞表を提出致しました　私は熟考の上之を受理することと致しました。

昭和一二年一二月一日」

『長与日記』には記載がないが、大内によれば、東京帝大の長老小野塚喜平次を同伴して大内と舞出は長与を説得しようと長与の私邸を訪れ、深夜一二時までねばったようである。しかし、それはむなしくも徒労に終わった、と大内は述懐している。ただし、この回想は『長与日記』に見られる記述と整合性に欠ける。『長与日記』の編者小高健によれば、小野塚の態度についての大内による回想は一定しておらず、どれも信憑《しんぴょう》性に欠けると判断せざるをえない。

こうして大内と舞出は、深夜に自由ヶ丘の矢内原私邸を訪ねた。大内の回想によれば、彼らは床から起きてきた矢内原に向かって、「総長の決心が前日と反対に数時間のうちに急変したことを伝えた」という。矢内原は大内らにこう語ったという。「君達や総長にこれ以上迷惑をかけたくない。事件が起こって以来教授会の空気などを考えると、わたしは一日も早く学校を去りたいと思っていた」。その未明、矢内原は直ちに辞表をしたためた。

2　大学の自治と政治の圧力

『長与日記』によれば、一二月一日早朝、長与は大内から電話を受け、深夜に矢内原と面談し、矢内原が大内と舞出の「好意を感謝し辞表を提出することを快諾」したと伝えられたという。そして、その日、午前一〇時三〇分、矢内原は大内・舞出両教授と総長室を訪問、辞表を提出した。

長与はこれを受理し、「将来を戒め謹慎自愛するを勧」めた、と記している。

続けて、長与は伊東文部次官に電話を入れ、矢内原問題解決の報告とともに、大臣や省首脳の「配慮」に感謝の言葉を述べた、と日記に記している。

経済学部教授会で辞表を受理

土方は矢内原論文についての討議を次回の教授会に延期したつもりでいたが、一二月二日（と土方は述べているが、長与総長の日記によれば一二月一日）に長与総長から呼び出しを受け、矢内原が辞表を提出したと聞いた、という。矢内原辞職は、土方の回想によれば、寝耳に水のことであったようである。土方の回想は次のように結んでいる。

「矢内原教授の論文を教授会で論議しようが、しまいが、事件の結末には、何の変化もなかったと思われる」

歴史にifはないというが、この仮想は興味深いところである。実際、前章で見たように、文部省は矢内原の言論活動を、日中戦争を遂行するうえでの「障碍」であるとし、それも「急速ナル処置」を要するほど重大なものと見なしていた。したがって、文部省は、仮に東京帝大経済学部が一丸となって矢内原をかばおうとしたとしても、矢内原に辞職を迫る圧力をかけてきたに違いない。

しかし、その一方で、一一月二四日の東京帝大経済学部教授会において矢内原の公的発言が重大問題として扱われたこと、そして、その結果、経済学部内部の意見対立が一層明確になったことは、文部省による介入をより容易にする状況を作っていた。その意味では、大内兵衛が、一一月二四日の教授会を「日本の大学の歴史にとっておそらくは類例のないほどの重要なもの」と述べているのは、いささか誇張があるとはいうものの、一面の真理を突いているように思われる。

一二月一日、午後一時すぎに、教授会は開かれた。矢内原が出席した最後の教授会では、大内の回想によれば、以前からの「継続議題はもう問題にならなかった」という。矢内原は起立して辞職理由を説明した。その内容は、のちに新聞社を通じて発表した談話と基本的に同一だったようである。

「自分は本来日本国を衷心熱愛するものであるが、発表の言論に関し、問題を惹起したことを遺憾に思う。自分として此上在職するのは大学に対し御迷惑をかける所以なる事を知ったので、本日総長に辞表を呈出した」

大内の回想によれば、矢内原は付言して、大学が時局の線に沿いすぎる傾向にあることを警戒すべきであることと、学問の府として教授団の平穏を東京帝大経済学部のために祈るという主旨のことを述べた、という。

そこで森教授は教授団の長老として謝意を述べることを申し出たが、本位田教授がそれを制止し、土方学部長も許可しなかった。こうして矢内原は静かに退席したという。

人事の問題であるから、教授会は助教授に退席を求めたうえで、矢内原の辞職を討議した。田辺教授は開口一番、総長が経済学部長に先立って矢内原の辞職を受理したことを問題視した。これに対し、ある教授が、そうした先例があるので不法ではないと回答したようであるが、確かに、矢内原が総長に辞表を提出したのは、やや変則的であったようである。矢内原自身も、これを回想して「当時の事情で、それは教授会を経ないで、直接総長に出したのです」と述懐している（後述）。

さて、田辺は続けて、矢内原に教授会が辞職を要求するのが当然であると熱弁をふるったという。その理由は数多くの兵士が中国大陸で従軍し、傷つき死んでゆくときに、帝大教授が「暖衣飽食しつつ戦争を呪うが如き言をなすとは何事であるか」言語道断だ、というのである。

これに続き土方も矢内原の言論を「教授たるに適しないと思う」と述べた。河合栄治郎は、矢内原問題の処理の仕方に不可解な点が多いとしつつも「今となっては辞意を認めるしかないでしょう」と発言したという。

こうして教授会は矢内原の辞表を受理した。

総長の「独立権限」と「個人プレイ」

経済学部で教授会が開かれていた頃、長与総長は『帝国大学新聞』の編集者二人と矢内原辞職の発表について協議している。そして、矢内原退官に伴う待遇に関し、辞職の事情に照らして「官等位階の昇叙は之を遠慮し、矢内原の家計に顧み退官手当は最高のものとするの方針」を定めた、と日記には記されている。

矢内原辞職に伴う事務手続きなどを終えた長与は、午後二時五五分、新橋を出て鎌倉に向かった。「連日の疲労を休めるためと、又一つは新聞記者の陸続訪問し来るを避けんがためなり」と書いている。

鎌倉では人力車に久しぶりに乗り、その「緩慢」さに驚いたことを書き記している。普段、自動車で「疾走」する身にとっては、時折人力車に乗って気分を落ち着けることが「心身静養の一法」だと感想を述べているあたり、矢内原問題の処理に疲労困憊していた様子がありありとうかがわれる。

実際、長与にとって、矢内原問題は「総長就任以来最も頭を悩ました事件の一つ」だったのである。かなり疲れ果てていたにもかかわらず、一二月一日の『長与日記』は、矢内原問題を総括する所感をかなり詳細に記している点で興味深い。

まず、「一教授の進退は容易に決すべきに非ず」と書き出しているが、そこには矢内原問題の処理に大いに悩まされたことがにじみ出ている。特に矢内原のような「有能の学者」を失うことが大学にとって「大なる損失」とするだけでなく、内部事情をよく知らない各方面から「相当の非難」がありうることの覚悟を記している。

とはいえ、矢内原を擁護し続けることは事態をさらに紛糾させるとして、「余としては大学のため『泣いて馬謖《ばしょく》を斬《き》る』なり」と総括している。

ここでの問題は長与が「大学のため」と述べているのが何を意味するかである。長与は矢内原の辞職を「無意義に終わらしめてはならない」とし、土方にもこれ以上の急進化を厳禁したという。そして長与は続けて言う。

「大学の自治を守るためには全教授の協力を要す」

これはいったいどういうことなのか。長与が矢内原辞職に決したきっかけとなったのは、文部省からの圧力ではなかったのか。それにもかかわらず、長与は矢内原辞職後もまだ大学の自治を守り続けていると思っているのである。

歴史学者の家永三郎《いえながさぶろう》は、長与総長を評して「大学の自治を守るという自覚のはなはだとぼしかった人のようである」と書いているが、これは、『長与日記』の記述に照らしてみればいささか酷な判定といえるだろう。少なくとも、長与は主観的には、矢内原問題を大学の自治の観点から捉えていたことはこれまで見てきたとおりである。

しかし、究極的には、長与は文部省と協調する方針を選択することで、大学の自治より国体護持のための言論封殺に荷担することを選んだわけである。にもかかわらず、この期に及んでもなお、奇妙なことに、長与本人は「大学の自治」の防衛にこだわっていたのである。ここには、「大学の自治を守るという自覚」の乏しさよりも、「大学の自治」についての理論と実践の間にあって長与が呻吟《しんぎん》し、実践面で大きく譲歩せざるをえなかった姿を見て取るほうがより適切であるように思われる。

しかし、その一方で家永が、矢内原追放劇において長与が演じた役割の大きさを強調し、次のように書いているのは傾聴に値する。

「総長と当該教授との間の闇取り引きで大学教授の追放が実現している（中略）ここでも大学総長の個人プレイで矢内原の自発的辞職が強要されている点に注目すべきであり、総長の独立権限が、大学自治の間接侵害のために最も有効な通路として利用されているのを看過してはならないであろう」（『大学の自由の歴史』塙書房、一九六二年）

これは、教育評論家の伊ヶ崎暁生も指摘するように、注意を要する論点である。長与が、総長の方針に従わない土方にいらだち、経済学部の決定より総長の意思決定が優先するという原則を日記に記していることはこれまで見たとおりである。

しかし、そのことは、逆に、総長を説き伏せさえすれば、文部省は容易に大学内部の事情に干渉することが可能となることを意味した。土方は人事権が教授会にあることと学部長が学部の「小使」であることを力説したが、他方、長与は経済学部長と意見が分かれるときは総長が自分の責任で採決することに固執した。ここに学内における権限に関する見解の対立をも見て取ることができよう。

したがって長与総長の「独立権限」による「個人プレイ」を家永は批判するが、むしろここで問題なのは、長与は「個人プレイ」を自ら進んで行ったのか、それとも、「個人プレイ」せざるをえなくなったのか、という点である。日記の記載を見る限り、長与は土方の同意を取り付けることを試みている。すなわち、長与の「個人プレイ」は、自発的で強引なものではなく、土方との協調に失敗したのちのやむをえない結果であったと見るべきではないだろうか。

大学教授の進退に関する最終的権限

こうして見てくると、そもそも大学教授の進退問題に関して、最終的権限を持っていたのは誰なのか、という点が長与と土方の間の主要争点として浮かび上がってくる。矢内原が出席した最後の教授会でも、矢内原の退出後にこの点は議論になったことはすでに見たとおりである。すなわち、矢内原の辞任について最終決定権を持つのは、総長なのか、それとも教授会なのかという問題であった。ここで興味深いのは、土方のみならず矢内原も、教授を罷免する究極的権限は教授会にあり、教授会の三分の二の多数決をもって罷免できると理解していた点である。

ところが、こうした理解はどうやら正しくなかったようである。関口泰《せきぐちたい》が矢内原事件の翌年、一九三八年（昭和一三）四月号の『中央公論』に発表した「帝国大学の問題」という論文は、この大学教授の進退に関する最終決定権の問題を明快に論じている。関口は、大正・昭和初期のジャーナリストであり、東京朝日新聞社の論説委員などを務めたのち、戦後、横浜市立大学の初代学長に就任した人物である。

論文「帝国大学の問題」は、一九三七年一二月一五日から翌三八年二月にかけて発生した人民戦線事件および教授グループ事件を受けて執筆されている。東京帝大経済学部との関連ではこの第二次検挙で大内兵衛が検挙されている。今日、人民戦線事件は、コミンテルンの反ファシズム統一戦線の呼びかけに応じて、「人民戦線」を日本で組織しようとした疑いで労農派の幹部や大学教授が総勢五〇〇名近く一斉検挙された事件と説明されるが、関口がその論文を執筆した当時はその真相は闇のなかだったようである。

それはともかく、矢内原事件に触れつつ関口は大学教授の身分について次のように述べている。

「学問の自由だの大学の自治だのいうことは今時通用しないとしても、大学教授の身分が一般文官分限令《ぶんかんぶんげんれい》の保障以下のものである筈はない。文官分限令によれば『官吏は刑法の宣告、懲戒の処分又は本令に依るに非ざれば其の官を免ぜらるることなく』休職を命ずることを得る場合は、懲戒委員会の審査に付せられた時か、刑事事件に関し起訴せられたるときなのであるから、矢内原教授の如く自発的に辞職し或はさせられるか、滝川教授の場合の如く、官吏身分保障制度を逆につかって、官庁事務の都合に依り必要なるときという条項にあてはめ、文官高等分限委員会を開いて休職処分にする外はないのである。それ故文部省が大学に自粛を迫り、経済学部の教授会が評決しても、本人の意に反して処分出来ず、大学総長が高等官の進退に関して文部大臣に具状する大学官制第二条の権限は、寧《むし》ろ文部大臣を通じて大学教授の身分の上に加わることもあるべき政治的その他の外部勢力に対する保障を意味するものと解さなければならぬ」

いささか長い引用になったが、ここに提示されている論点こそは急所である。まず最も重要な指摘は、「大学総長が高等官の進退に関して文部大臣に具状する大学官制第二条の権限」について、文部大臣から大学教授が受ける可能性のある圧力に対する身分の保障を意味するという点である。これこそは矢内原辞職のケースそのものである。関口の考察するところでは、矢内原は「懲戒委員会の審査に付せられた」り、「刑事事件に関し起訴せられた」りしたわけではないのだから、本来その身分は保障されていなければならないのである。

関口が言及する帝国大学官制第二条第二項には次のように記されている。「総長ハ高等官ノ進退ニ関シテハ文部大臣ニ具状シ判任官ニ関シテハコレヲ専行ス」。「高等官」には総長の他に教授、助教授、専任書記官が含まれる。

日本の大学史研究の第一人者である寺崎昌男は、ここに見られる具状権について、帝国大学総長にのみ帰属する特権であり、その特権の付与はすなわち、「大学の自治と研究の自由に対する政府の保障を意味」すると論じている。関口が一般文官分限令を参照しつつ解説したのと同様に、帝国大学官制第二条に見られる総長の具状権を、寺崎は大学の自治を意味するものとして理解している。

さらに、先に引用した関口の解説では、本来保障されているはずの大学教授の身分が例外的に脅かされたケースのひとつとして矢内原事件に言及していることが第二に重要な点である。関口の見るところでは、矢内原が「自発的に辞職し或はさせられ」たケースは、不幸な先例を作ってしまったことを意味していた。

したがって、関口はさらに敷衍して次のようにいう。

「かくて大学教授の身分に関することは、大学総長の具状がなければ、文部大臣は直接どうも出来ないし、学部長は教授会を召集しその議長とはなるが、学部の教授会の権限は、『学部の学科課程に関する事項、学生の試験に関する事項、その他文部大臣又は帝国大学総長の諮詢《しじゅん》したる事項』の審議に限られ、それ以上に及ばないので、所謂《いわゆる》『大内財政に対する土方試験』を学生に課することは出来るが、土方教授なり大内教授の身分に関して有効なる決議をすることは出来ない」

ここに解答は明々白々である。大学教授の身分に関することは「大学総長の具状がなければ」文部大臣といえども、教授会といえども、まったく何もなしえない。逆に言えば、矢内原の大学教授としての身分は、法的には大学総長長与又郎の決断ひとつにかかっていたといえる。その意味では、矢内原の身分に関して、矢内原自身ですら正確な理解は持っていなかった。先に述べたように、矢内原は教授会に教授の進退問題に関する最終決定権があるものと理解していたのであった。

圧力に屈した長与の個人的資質

ちなみに、矢内原が提出し長与が受理した辞表の写真が、矢内原伊作『矢内原忠雄伝』に掲載されているが、その辞表の宛名は「内閣総理大臣公爵近衛文麿殿」となっている。東大名誉教授で、矢内原を信仰上の師とした鴨下重彦《かもしたしげひこ》は、この点を指摘したうえで「当時の東京帝大教授の任命権者は総理大臣であったことが判《わか》る」と述べているが、これははたして妥当であろうか。

帝国大学は文部省の監督下にあったのであり、辞表は長与総長に提出されている。矢内原は当時の状況を振り返り、こう述べている。「昭和一二年の一二月一日だったと思いますが、長与総長に辞表を出しました。当時の事情で、それは教授会を経ないで、直接総長に出したのです。総長はそれを受理されまして、一二月二日付で依願免官の辞令をもらいました」（『私の歩んできた道』)。「当時の事情」がいかなるものであれ、辞表の宛名が当時の内閣総理大臣だというのは滝川事件においても同様だったが、帝国大学教授の休職や免官が、文部大臣からの依頼を受けて内閣総理大臣から通達されるという手続きを取ったことをその背景としているようである。

それはともかく、ただ一人、矢内原の身分に関する決定権に関して正しい把握を有していたのは、明らかに長与総長であった。教授会の権限に固執した土方に対抗して、長与は次のように日記に記していた。「意見対立せる時は総長の裁断に依る。(中略)学部長と総長と意見対立の場合には総長が採決する」。ほかならぬ総長が矢内原の身分について最終決定権を握っていたのである。

しかし法的には確かにそのとおりだとしても、実際には文部大臣からの圧力に長与は屈している。先にも見たように、大内の証言によれば、木戸文部大臣は、矢内原の言動が国体精神に反すること、そして矢内原問題が木戸本人の進退問題に発展する可能性を示唆することで、長与の譲歩を引き出したようである。ところが、関口の指摘によれば、木戸がこのような形で長与に迫ったとしても、長与に木戸からの圧力を突っぱねる法的根拠は存在したわけである。

ここには、先にも指摘したことだが、大学教授の身分保障という大学の自治や学問の自由をめぐる問題に関して理論的にどれだけ自覚しているかということと、それを実践においてどのように防衛するかということとの間に横たわる深い深淵を見出すことができる。

それと同時に問題となるのは、大学総長の個人的資質である。先にも指摘したように、長与は病理学者としての名声とは裏腹に、総長としては必ずしも評判は芳しくなかったようである。大内は「長与さんというのはだめな人」とまで言い切っているし、矢内原も、長与は「善人ではあるが、いささか勇気に乏しい人」と評価していた。法学部の矢部貞治は、長与を「軽率」な人物と観察していたようである。さらに、矢内原事件の翌年になるが、『中央公論』一九三八年（昭和一三）九月号の「大学自治異変」という記事において堀川直義《ほりかわなおよし》は次のように記している。

「長与総長はとかく腰が弱いといわれる。小野塚前総長あたりが気合いを入れたり、評議会が尻押《しりお》ししたりしないと、つい腰が砕けそうになるという。同盟通信の岩永社長は、氏の令弟にあたるが、彼は総長のこの上ない情報機関である。あまり文部省筋や、政界の動きが、総長の耳に入りすぎるので、かえって気が弱くなるのではないかとの説もある」

これらの人物評が的確であったかどうかはともかく、政治の圧力が弥増《いやま》していた当時にあっては、総長がこのように弱いリーダーと見なされていたことは、それだけですでに、潜在的には致命的である。しかも、大学教授の身分保障が究極的には大学総長一人にかかっていたということは、大学総長の個人的資質にも大きく左右されることを意味する。

このように見てくると、矢内原事件の「主人公」は、矢内原忠雄ではなかったことになる。事態はもはや矢内原にはどうすることもできなかった。むしろ、矢内原をめぐる問題は、究極的には、長与総長の判断ひとつにかかっていたのである。

したがって、文部省からの一撃に大学総長があえなく屈したということ、それが矢内原事件の核心だったのである。

第五章　事件の波紋

1　知識人やメディアの受け止め方

今日、われわれが矢内原事件という名称で知っている出来事は、当時の一般国民の立場からすれば、一九三七年（昭和一二）一二月二日にはじめて公に知られるところとなった。本書の冒頭で紹介したとおり、その日の『東京朝日新聞』夕刊の第二面中央に、次の見出しが躍った。

矢内原帝大教授
　辞表を提出す
　　事変下初の筆禍事件

学生も世間も辞職を惜しむ

一二月二日、東京帝国大学経済学部において矢内原忠雄の最終講義がなされた。前日に辞表を提出したが、まだ発令されていないので講義を続けるという前置きで始まり、約一時間、金融資本の植民地における地位について論じた。

そして、矢内原は大学における学問のあり方に話を進めた。「学問本来の使命は実行家の実行に対する批判であり、常に現実政策に追随してチンドン屋を勧めることではない。（中略）大学令に『国家思想を涵養し』云々《うんぬん》とある如く、国家を軽視することが帝国大学の趣旨にかなわぬことはもちろんである。しかしながら実行者の現実の政策が本来の国家の理想に適《かな》うか否か、見分け得ぬような人間は大学教授ではない。（中略）私の考えている大学の本質、使命、任務、国家思想の涵養などの認識について、同僚中の数氏と意見が合わないことを今回明白に発見した。（中略）私の思想が悪いというので大学に御迷惑になるとすれば、私は進んで止める外はないのである」。

そして、第一章の冒頭でも紹介したが、矢内原は東京帝大経済学部における最終講義を次の一言で結んだ。

「私は身体を滅して魂を滅すことのできない者を恐れない。私は誰も恐れもしなければ、憎みも恨みもしない。ただし身体ばかり太って魂の痩せた人間を軽蔑する。諸君はそのような人間にならないように……」

矢内原の最終講義は「厳粛な拍手に終った」と『帝国大学新聞』（一九三七年〔昭和一二〕一二月六日）は伝えている。矢内原が去ったあとの東京帝大経済学部で、講師として植民政策を担当することになったのは永雄策郎《ながおさくろう》だった。当時、拓殖大学で植民政策を講じていた永雄は、東京帝大の教壇に立つ以前には満州移住協会理事を務め、自身も満州で育った。『中央公論』一九三八年四月号収載の「戦時学界風景」で堀川直義は、永雄について「皮肉なことに大変太った人である。なかなかの歌人でもあると聞いたが、『身も魂も太り居るかも』などと詠んだかどうかは聞きもらした」と冷やかしている。

辞職ののちも、矢内原はしばらくのあいだ東京帝大に足をしばしば運んだ。辞職直後に「御殿」という通称で知られる帝大教授の集会所の食堂を訪れた際には、哲学者の桑木厳翼《くわきげんよく》から「温かい挨拶」の言葉があり、小野塚喜平次前総長からは、「君は破廉恥なことをして辞めたのでないから、今後もたびたびここへやって来給え」といわれて「ホロリ」とさせられたという。大内兵衛は、自分の演習に矢内原を呼び、「送別会」とした。さらに大内は『帝国大学新聞』に「矢内原君に別れる」という一文を寄せ、矢内原が東京帝大を去ることの寂寥《せきりょう》感を次のように表現している。

「ぼくの一軒置いて隣が空き家となるのである〔研究室のことをここでは述べている——引用者注〕。このさみしさを僕はどうしたらいい。窓外を望めば葉の落ちた銀杏《いちょう》のたくましい並木がある。ああその一本が倒れたような空虚である」

矢内原忠雄（1958年，東大総長退官記念の写真）

矢内原は、自分の辞職を「学生も世間も惜しんでくれた」と回想している。興味深いことに、蓑田胸喜でさえ、矢内原の思想の是非はともかくも、その誠実さを認め、進退に関して「敬意を含んだ挽歌《ばんか》を奏した」と矢内原は記録している。

こうして敗戦後、東京大学に三顧の礼に応えて復職するまでの八年間、矢内原は、無教会キリスト教関連の活動に専念した。終戦の詔勅を富士山麓《さんろく》の山中湖畔で聞くまでの間、空襲がひどくなっても東京から疎開することなく、日曜家庭集会や公開聖書講義をこなし、さらに一九三九年一月からは自宅で土曜学校を開校、アウグスティヌスやダンテなどの西洋の古典を青年たちに講じた。その間、辞職前からすぐれなかった健康状態は、戦時下にあって減食を強いられ、さらに悪化していたために、周囲の人々からその衰弱ぶりを案じられていたようである。

そのような苦境にあったにもかかわらず、矢内原は『通信』に代わる個人雑誌『嘉信《かしん》』の発行に情熱を注いだが、その他に著書を発表する機会に恵まれた。矢内原の辞職の報を聞いて真っ先に、岩波茂雄は矢内原を訪れ、金一封を置いていった。その際、当時創刊予定だった岩波新書の一冊としてリンカーンの伝記を書いてほしいと依頼したという。

矢内原はリンカーン一人の伝記を書く気がせず、特に当時の日本の時局に対して必要な人とは預言者エレミヤであると考えていたので、リンカーンの他にエレミヤ、日蓮《にちれん》、新渡戸稲造を加えた四人の伝記的考察を著した。これは、『余の尊敬する人物』というタイトルで、一九四〇年の五月に岩波新書の一冊として出版された。

このほかにも、岩波茂雄からクリスティー『奉天《ほうてん》三十年』の翻訳を依頼され、こちらは一足先に一九三八年一一月、上下二冊で同時刊行された。岩波新書の創刊を飾る二冊であった。

これら二タイトルとも売れ行きはよく、特に『余の尊敬する人物』は戦中に第四刷まで出ており、矢内原の生活を支える一部となった。その他に、新渡戸稲造が英文で記した名著『武士道』の翻訳を、やはり岩波書店から刊行している。

一般に、総合雑誌などへの寄稿と異なり、単著については、政府当局の監視下にあった著作家でも比較的容易に出版できたようである。

ちなみに、『余の尊敬する人物』のエレミヤ論の末尾のところで、矢内原は密《ひそ》かに蓑田胸喜に対するささやかな反撃を試みている。

「卑怯《ひきょう》なること蓑虫の如く、頑固なること田蛭《ひる》のごとく、胸に悪意を抱き、人を陥れるを喜びとする汝《なんじ》らパシェル・ハナニヤ輩よ。汝らこそ真理を乱し、正義を破壊し、国に滅亡を招いたのである」（傍点引用者）

無教会関係者の反応

矢内原の辞職の報に接して、彼にとって身近な無教会関係者はどのように反応したのであろうか。

無教会で最大勢力を誇った塚本虎二は、自身の個人雑誌『聖書知識』に日記風の「雑感雑録」というコーナーを設け、日々の所感をそこに記している。一九三七年（昭和一二）一二月一日（水曜日）にはこうある。「午後マラキ書の勉強。旧約聖書研究会に出かけようとする時夕刊で帝大教授矢内原忠雄君が辞表を提出したことを知り、夢かと驚いた。君自身に取りては兎《と》に角《かく》、母校大学に取り誠に惜しい気がするが致方が無い。神の御意がなるのであろう」。塚本はある種の諦念《ていねん》をもって矢内原辞職の報を受けとめている。

しかし、その他の無教会の指導者たちは、むしろ積極的意義を矢内原辞職に見出している。すなわち、矢内原にはこれから伝道に本格的に打ち込むことを期待していたのである。

たとえば、黒崎幸吉の場合、個人雑誌『永遠の生命』でこう述べている。

「君が大学を辞された事は同君の為には惜しまない。同君には恐らく外に神の与え給う使命がある事であろう。併し大学のため、又其の学生のためには惜しい限りである。若《も》し大学が単に学問の切売り市場であるならば、矢内原君の如き人格を必要としないであろう。若し又大学が真理の探究所でないならば、同君の如くに真理を熱愛する人を必要としないであろう。学生に取りて必要なものは単なる知識ではなく人格であり真理に対する熱愛である。併し同君が辞職した事は結局悪い事では無かった事が後日に至って判明するであろう」

政池仁も同様に個人雑誌『聖書の日本』でこう書いている。

「この善き戦士を迎えて伝道界の為に喜びに堪えません。氏は実は大学などに置くには余りに惜しい人物でした。氏が愈々《いよいよ》氏の天職につかれたのであります」

このように、無教会では、矢内原の辞職は大学と学生にとっては残念であるとはいえ、矢内原が伝道に専心することを広く歓迎している。しかし、その反面、矢内原事件に政治的な争点を見出し、それを批判的に論じるということは無教会の指導者にはなかった。ただし、黒崎幸吉は、矢内原の辞職の他にも無教会関係者の取り調べや出版物の発禁が多かったことについて、こう書いている。「何《いず》れも皆真実に国を愛して居る友人たちがかかる運命に遭う事は一見不思議のようであって何らの不思議は無い。我らは甘んじて此の運命に遭わなければならない。是《これ》が一番日本の国家の為になるのだから、誠に止むを得ない」。無教会キリスト教指導者の「受難」をキリスト教信仰に基づいた国づくりに不可避的に伴う「運命」として、黒崎は捉えている。

総合雑誌に見る論調

では、当時のメディアは矢内原事件をどのように見たのであろうか。先にも述べたように、当時の世論に対して大きな影響力を持ったのは、新聞よりもむしろ総合雑誌だったことに鑑みれば、『中央公論』や『改造』などに見られた論説が特に注目に値する。『中央公論』一九三八年（昭和一三）一月号は、菅野司郎による「大学騒動楽屋話」という記事で矢内原事件の舞台裏について詳しく報じている。この記事の報告内容は、本書におけるこれまでの論述と大筋において合致する。菅野は、基本的に矢内原事件を東京帝大経済学部の紛争の一環として捉えている。

すなわち、長与総長は、反戦的言論を根拠として矢内原の進退を問うつもりはなく、小野塚前総長や経済学部の諸教授の意見を参考にして、矢内原による陳謝をもって事態を収拾する方向にことを進めていた。しかし、「三十日に至り某方面より、この御膳立《おぜんだて》をくつがえす情報が伊東〔延吉〕文部次官の手下にもたらされた」という。「その情報の詳細はここに記すことは許されない」と書いているから、おそらくその情報源について菅野は何かを知っていたのであろう。

しかし、それは今となっては不明である（推測するに、内務省警保局長だった安倍源基だったのではなかろうか）。ただ菅野によれば、矢内原による教会での講話のなかに「聞き捨てにならぬ言辞」があったとの報告が長与総長になされ、その翌日に矢内原による辞表の提出があったという。

こうした一連の騒動の背景として菅野は東京帝大経済学部における河合派、土方派そして大内派の抗争を重要視している。その詳細は、すでに記したこととおおよそ合致するから割愛するが、菅野の報告するところでは、土方派は矢内原に対して攻撃的であり、「反対するものは一人たりとも大学教授の椅子を奪わんばかりの気構えを見せるに至った」と述べている。しかも、「矢内原氏に対する材料を求めるに急であった」らしく、その材料は橋爪助教授によって集められたとも記しており、橋爪のスパイとしての役割は少なくとも公然の秘密といったところだったようである。このように、土方が矢内原の追い落としに積極的だったことを報じている。

菅野の論述はさらに文部省と土方のあいだの連携をほのめかしている。

「さらに現文部次官の伊東延吉氏はさきに述べた矢内原氏の台湾統治に関する著書が出た折、石塚《いしづか》〔英蔵《えいぞう》〕総督から相当抗議を持ち込まれた当時の初代の思想部長にして、大学教授の左右の別などしっかりと頭の中に植え付けてあり、右翼以外を排撃する事は土方学部長と相通ずるところがある。この辺が矢内原氏の辞職が早まった原因にもなるのである」

文部省と土方派の連携の可能性に関しては、先にも述べたように確たる証拠がないが、しかし、矢内原や大内のメモワールの内容と符合する点で興味深い。

その一方で、「大学騒動楽屋話」といういささかおどけたタイトルが示唆するように、菅野の記述は大学における派閥闘争に問題を矮小化《わいしょう》化しており、そうした事件がはらむ思想的な問題、たとえば言論の自由や大学の自治などといった問題にはまったく目配りが届いていない。

いわんや、無教会キリスト教の平和主義者たちの活動という文脈に矢内原を位置づける観点や、蓑田胸喜による矢内原攻撃の意義に対する関心もまったく見受けられない。

「時局と大学」を論じた土方成美と本位田祥男

ところで、実際に『中央公論』一九三八年（昭和一三）一月号を手に取ってみるとわかることだが、この菅野のレポートは、雑誌誌面の下段だけに掲載されており、上段には土方成美の「時局と大学」という論文が掲載されている。菅野が皮肉っぽく土方に関して記述している記事とパラレルになる形で土方の論文が掲げられているあたりに編集部の冷めた視点を見て取ることができる。

土方はこの論文において矢内原事件に直接に言及しているわけではない。しかし、折から東京帝大経済学部の内部事情が新聞紙上を賑わし、ついには矢内原の「筆禍事件」にまでおよんだ以上、自分の立場を公言する必要を感じたのであろう。ここでは矢内原事件を前提としていると考えられる論点に絞って、土方の主張を紹介しよう。

土方の論旨はきわめて明快である。彼にとって問題意識の出発点は、我が国における大学の使命とは何であるかという問題である。土方の主張するところでは、「教授する人も学生も共に国体の本義を体得し、また体得するに努力すべきものであって此点に関し疑義を許さないものと考えている」という一点につきる。むろん、大学の専門科目のすべてが国体の本義の体得

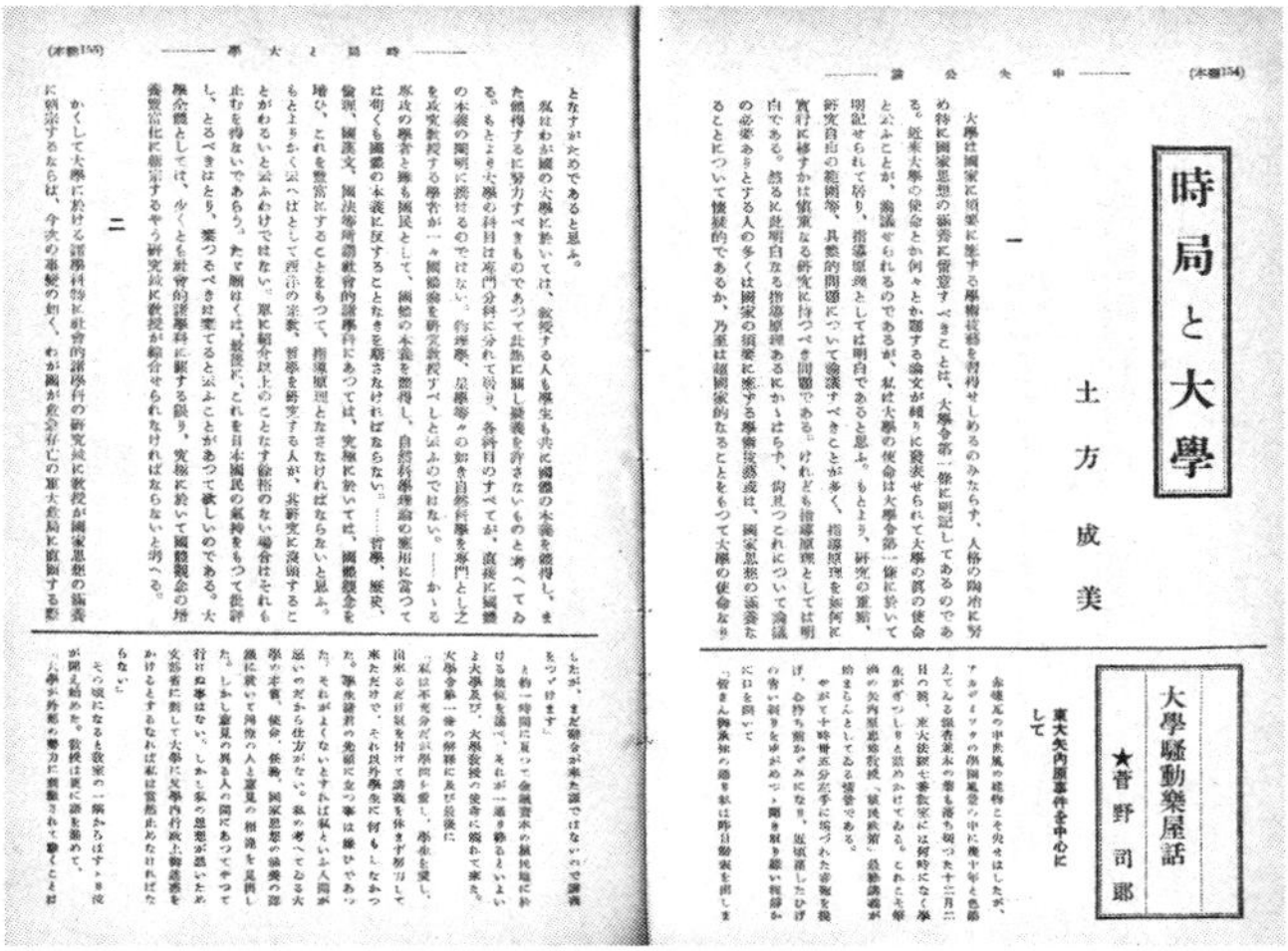
(本欄154)　中央公論

時局と大學

土方成美

一

大學は國家に須要なる學術技藝を習得せしめるのみならず、人格の陶冶に努め特に國家思想の涵養に留意すべきことは、大學令第一條に明記してあるのである。近來大學の使命とか何々とか關する論文が頻りに發表せられて大學の眞の使命と云ふことが、論議せられるのであるが、私は大學の使命は大學令第一條に於いて明記せられて居り、指導原理としては明白であると思ふ。もとより、研究の重點、研究自由の範圍等、具體的問題について論議すべきことが多く、指導原理を如何に實行に移すかは愼重なる研究に待つべき問題である。けれども指導原理としては明白である。然るに此明白なる指導原理あるにかゝはらず、尚且つこれについて論議の必要ありとする人の多くは國家の須要に應ずる學術技藝或は、國家思想の涵養なることについて懷疑的であるか、乃至は超國家的なることをもつて大學の使命なり

(本欄155)　時局と大學

となすがためであると思ふ。

私はわが國の大學に於いては、教授する人も學生も共に國體の本義を體得し、また體得するに努力すべきものであつて此點に關し議論を許さないものと考へてゐる。もとより大學の科目は専門分科に分れて居り、各科目のすべてが、直接に國體の本義の闡明に携はるのではない。物理學、天文學等々の如き自然科學を専門とし之を攻究教授する學者が一々國體論を研究教授すべしと云ふのではない。――かゝる專攻の學者と雖も國民として、國體の本義を體得し、自然科學理論の應用に當つては苟くも國體の本義に反することなきを期さなければならない。……哲學、歴史、倫理、國漢文、國法等所謂社會的諸學科にあつては、究極に於いては、國體觀念を培ひ、これを豐富にすることをもつて、指導原理となさなければならないと思ふ。もとより古く云へばとして西洋の宗教、哲學を研究する人が、其研究に沒頭するとがわるいと云ふわけではない。單に紹介以上のことをなす餘裕のない場合はそれも止むを得ないであらう。たゞ願はくは、最後に、これを日本國民の氣持をもつて批評し、とるべきはとり、棄つるべきは棄てると云ふことがあつて欲しいのである。大學全體としては、少くとも社會的諸學科に關する限り、究極に於いて國體觀念の培養豐富化に綜合するやう研究並に教授が綜合せられなければならないと考へる。

二

かくして大學に於ける諸學科特に社會的諸學科の研究並に教授が國家思想の涵養に綜合するならば、今次の事變の如く、わが國が危急存亡の重大危局に直面する際

大學騷動樂屋話

東大矢内原事件を中心にして

「時局と大学」（『中央公論』1938年1月号）

に直接的に関わっているわけではない。物理学や天文学がそのようなケースに相当する。

しかし、哲学や歴史、倫理、などの社会に関わる学問の場合、「国体観念を培い、これを豊富にすることをもって、指導原理となさなければならない」という。したがって西洋の学説の研究や紹介に努める研究者も、「最後に、これを日本国民の気持をもって批評し、とるべきはとり、棄《す》つるべきは棄てると云うことがあって欲しい」と付け加えている。

このように大学の「指導原理」を確認したうえで、土方は、当時のように日本をめぐる国際情勢が緊迫しつつある時局にあっては「自ら愛国の国情が涌出《ゆうしゅつ》してくる」という。土方の観察するところ、当時見られた学者の態度はふたつあり、ひとつは国家の非常時を自分の非常時と見なし、前者に積極的に関わ

る態度であり、もうひとつは国家の非常時には我関せずと傍観者的態度を決め込む態度である。

ここで土方は「愛国」とは何かという論点に考察の筆を進める。「何が真に祖国を愛することになるかは問題である」と述べ、国の愛し方は自明ではなく議論の余地があることを一応は承認するが、「しかし」と彼は続ける。「少なくとも今回のごとき重大時局を対岸の火災視し、或は時局を軽視するがごときことが愛国的であるとはどうしても考えられないのである」。

土方が特に問題視するのが、「反戦的言辞を弄し、国家の行動を誹謗するが如き言動をなす」ことであり、これこそは「最も非愛国的」であると断定する。すなわち、「天皇陛下の将兵の労を嘉《よみ》し賜《たま》う詔勅」が発せられている段階においてそのような反戦的言動をもてあそぶことは弁解の余地がないという。興味深いことに、土方は付け加えていう。「この人も祖国を愛するの念においては決して人後に落ちないのである」。

ここにいう「この人」が矢内原を指していると見てまず間違いはなかろう。そして、愛国心のあり方が多様でありうることに対する認識を確認し、矢内原の「愛国心」と自分のそれとが異なることをほのめかしている。そして、国家の行動を誤りであると信じ、自分の信念を披露してこれを批判することこそが真に愛国的行動であると主張するために、「戦争行為の開始以前に於いて抽象的平和論をなし或は政府の政策を論ずる」ことは、土方の見るところ、許容範囲にあるようである。このように、土方は矢内原の言論活動に一応の理解を示している。

しかし、土方が断罪するのは、こうした反戦的批判がすでに国策が決定し戦闘行為に入ったのちになされている点である。すでに国策として決定し戦闘に入っている以上、これを批判することは、「陛下の大御心《おおみごころ》に背き、国家の命令に違背するのはいうまでもなく、さらに実際的にも相手国が之を利用し我皇軍の士気に影響するならば、それこそ国家を混乱に陥れる行動となる」として、これを「真に非愛国的行動」であると指摘している。のちに再説するが、土方にとって、矢内原をめぐる問題の中核は「愛国心」の問題であったことがここに読み取れる。

土方派の有力教授だった本位田祥男は、土方が『中央公論』に前記の論文を発表したのと同月に、まったく同じタイトルの論文「時局と大学」を『改造』に寄稿している。本位田が土方と共同戦線を張っていたことはこの事実に明瞭である。

しかし、本位田の論説には、矢内原事件をほのめかす言辞は見当たらない。彼の主張は、もっぱら時局に対する積極的参加と傍観者的態度の二分法を前提としており、矢内原に見られる反戦的批判に対する応答を試みるものではない。本位田の主張は「大学教授が、此の国家存亡の時に際して、其理論的領域に於て何等かの直接的な貢献をなすべきは当然である」という点にあり、そのためにはマルクス主義を排撃する「思想戦」に関与することが大学教授に課せられた任務であるとしている。

本位田の論述でもうひとつ注目すべき点があるとすれば、それは現実の経済活動およびその政策を研究することを目的とする経済学研究所の設立を提案している点である。土方も「時局と大学」の結論部分で、教授と学生が協力して国策の研究を行う研究機関の設立を提唱している。時局への献策を志向する二人にとって、政策研究を通じて現実との接点を保つことがきわめて重要であり、研究所の設立はそのためのインフラとして必要視されたのである。

「大学の権威」の根拠を問うた三木清

土方と本位田がそろって「時局と大学」を論じたのと時を同じくして、哲学者の三木清は『文藝春秋』一九三八年（昭和一三）一月号に「大学の権威」という小文を発表している。そこでの三木の見解は、土方や本位田のそれと好対照をなす。三木は、大学における事件が跡を絶たないという状況認識から稿を起こし、そのなかで「東京帝大の矢内原教授事件」にも言及している。そのうえで、大学の権威が疑われるようになった今日、大学の権威とは何に根拠をおくのか、考えてみる必要があると説くのがこの論文の主眼である。しかし、ここでは、矢内原事件をも含めた「大学の事件」に関する三木の一般的観察について紹介しておこう。

三木によれば、当時、増加傾向にあった「大学の事件」に共通する特徴のひとつは、「教授間の反目、軋轢《あつれき》に基くと云われること」である。学生運動による学園紛争と異なり、事件の当事者が教授である場合、事件の背景に「私的なもの、派閥的なもの、陰謀的なもの」があるようだと記し、事件に公共性が欠落している点を懸念している。すなわち、大学教授の本分とは学問という公共的なものに奉仕することであり、大学は学問に仕える団体である。大学教授も人間であるから、個人的な名誉心や嫉妬《しっと》、猜疑《さいぎ》などによって左右されるとはいえ、本来の大学

三木清（1897－1945）

の使命、すなわち学問の発展への奉仕、ということに自覚的であるなら、私的な党派や暗闘は存在しないはずだと論じ、教授間の派閥闘争が大学に与えるダメージを警告している。

こうした大学教授の党派心の問題に加えて、時局の影響は、大学と国家の問題を否応なしに浮かび上がらせる。そもそも「大学が国家に仕えるのはその学問によってである。（中略）真理は個人や党派にとって必ずしもつねに好都合なものではない。ところがそのために一部の者が大学の学問を自分に都合の好《よ》いように変えようとするならば、それは学問の破壊であり、学問の進歩発達を必要として大学を設立した国家の意志に反することになるであろう」。

したがって、三木によれば、大学がそれ本来の任務を遂行するには、研究の自由と大学の自治が必要である。研究の自由は、学問の進歩発達に必要な条件であり、学問の公共性にも要求されるものである。一方、大学の自治は、「とりわけ学問にとって有害であるような政治化を防ぐために」必要である。「教授の任免が政治家の都合によって勝手に行われる場合、教授は安んじて真理の探求という自己の任務に従事し得ないであろう」。こうして、三木は土方とは正反対に、学問の自由と大学の自治を大学が無条件に必要とするものとして特筆大書した。

にもかかわらず、時局の圧力は大学にものしかかる。こうして、「超然主義」を排して時局への「積極的協力」が説かれるようになったが、その「積極的協力」とは何を意味するか、と三木は問いかける。三木は、現実に対して批判的態度を取らない無関心という意味での「超然主義」には何ら権威を認められないとして一蹴する。

ところが、そのことは直ちに「時流に追随する」ということをよしとすることを意味するわけではない。すなわち、「大学は政府の政策を樹《た》てるための機関ではない」ということに注意しなければならないと三木は強調する。大学教授が何らかの政策案を持っているということ、それ自体はむしろ望ましいことであるが、政策立案は大学の本来の任務として要求されていない。実際、大学教授には、政府の設置した調査会や審議会に関与する機会があり、政策への関与は、そうした機関を通じて行えばよいことであって、大学が大学として時局に献策する必要はないと三木は主張する。

そこで三木は一一月二五日の『東京朝日新聞』に報じられた東京帝大経済学部が超然派を克服し、時局に積極的に貢献するよう方向転換したということが事実だとすれば、そのような「転向」は「認識に混同がありはしないであろうか」と疑義を呈している。三木の観察するところでは、政策ならいくらでもある。むしろ問題なのは、政策に理論が欠けているという点である。安易な時局への献策を、三木は「理論の欠乏」という一言で批判しているのである。

しかも、こうした時局への積極的協力は、大学を政治化する危険があると三木は指摘する。学者も学生も政治的関心を失ってはならないとしつつも、現実の動きの速さに目を奪われて理論的な見方が失われることにより、「学問が政治に屈服してしまってはならぬ」と警告する。土方と本位田が政策研究のための研究所の設立を提唱したのとは正反対に、理論に立ち返ることで現実を理論的に批判する観点を持つことの重要性を三木は説いている。

このように、三木の主張は土方や本位田とはことごとく対照的であるが、特に、土方との際立った相違点は、三木が「愛国心」の問題を主要争点と見なしていない点にある。三木は「時流を批判する者が愛国者ではないということはあり得ない」と述べるが、時の国家の施策に批判的な態度を、三木は愛国心の問題よりはむしろ「学問の精神」から導き出している。しかも、三木は矢内原事件に限らず彼の社会評論的著作で、愛国心を真正面から取り上げて論じることがきわめて少なかった。大学の時局への関与という問題は、三木にとって「愛国的かどうか」という問題と密接な関わりを持つものではなかったようである。

学生の同情とマルクス主義者の批判

これまでの事例を見る限り、矢内原事件を学問の自由や大学の自治に対する脅威という問題との関連で把握する視点は、三木清を例外として、公に表明されるケースは管見の限りでは見当たらない。しかし、それに似た理解を示す視点が公刊物ではなく、日記というきわめて個人的な資料の中に発見される例は存在する。

たとえば、矢内原忠雄が辞職した当時、東京帝大経済学部二年生だった武田隆夫《たけだたかお》は、日記に次のように記している。

「十二月一日　晴

第二食堂で食事の後、階段をおりてくると、帝大新聞社の前に貼られた一枚のビラに大勢の人が集っている。『矢内原教授辞職!!』来るべきものがついに来たという感じと、それでもと思っていたものが案外早く来たという感じが入りみだれて、さっと体中を流れる。（中略）暴力のために正義が、権力のために真理が、かくも事もなげに蹂躙《じゅうりん》されていくのを、今この眼でみたのだ。だが、しかし、一言の抗議もできず、黙っているのが一番よい方策だというのは、何という悲しいことであろう。せめて一刻も早く仲間に報《しら》せようと研究室へ急ぐ。白日のもと、嵐のはげしさ、自己のみじめさを、しみじみと感じる」

この所感は、矢内原事件を「正義」が「暴力」によって踏みにじられ、「真理」が「権力」によって蹂躙された事件として捉えている。しかも、興味深いことに、一学生の立場から、この事件に対して、「一言の抗議もできず、黙っているのが一番よい方策だ」と判断した事実を正直に記しており、かつ、そのことに悲しみとみじめさを痛感している。

これはおそらく、矢内原に同情的だった学生の所感を代表しているのではないだろうか。抗議はできない。黙っていざるをえない。当時の社会的空気が学生の声を圧殺することに成功していたことを明瞭に示している。

一方、当時のマルクス主義者が矢内原事件をどう理解したか、そのひとつの例を一九三八年（昭和一三）一月の「仕事場を固めよ」と題された文書に見出すことができる。この文書は警保局保安課が「労農派検挙後の新事態に対応すべきコミンテルンの指示書と認めらるる人民戦線戦術に関する印刷物」として大いに関心を抱いたものであるが、その中で矢内原事件を、それまでの政治的弾圧と性格を異にするものと認識・指摘している。「仕事場を固めよ」の執筆者永野正《ながのただし》によれば、「矢内原帝大教授は自由主義者である理由で馘首《かくしゅ》された」。続けていわく、「これらの事実は、末次《すえつぐ》内相の意図が軍部の号令のままに動かぬ一切の人民の仮借ない弾圧にあることを示している」。

このように、永野の認識では、矢内原事件とは内務省主導の「自由主義」弾圧の一環であることになる。しかし、これまでの叙述に明らかなように、内務省が矢内原忠雄をマークしたのは、その他一部の無教会主義キリスト者にも見られた「平和主義」的主張によるものであった。ここには永野正による内務省の意図の読み違いを見て取ることができる。

ちなみに、当時の内相が帝国海軍大将だった末次信正《のぶまさ》であると指摘されているが、矢内原事件発生当時の内相は馬場鍈一であった。しかし矢内原辞職の二週間後に、末次が後任人事として起用されている。

うやむやになった司法処分

いわゆる矢内原事件は、矢内原による東京帝大辞職事件として知られているが、実はそれだけで収束したわけではない。矢内原は出版法ならびに新聞紙法違反の罪に問われたのである。一九三八年（昭和一三）三月一六日、矢内原ほか数名が出版法・新聞紙法違反に問われ、この一件は東京刑事地方裁判所検事局に送致された。被疑者は矢内原忠雄のほかに、岩波書店社長岩波茂雄、印刷業（精興社）白井赫太郎《しらいかくたろう》、『通信』発行人矢内原恵子、『中央公論』発行人牧野武夫、そして『中央公論』編集人雨宮庸蔵の六名であった。

出版法（一八九三年〈明治二六〉法律第一五号）と新聞紙法（一九〇九年法律第四一号）のふたつは、矢内原事件当時、言論統制に関する法令として中心的な役割を果たしたものである。これらふたつの法令が取り締りの対象としたのは主に、（一）出版・発行の届出の義務、（二）安寧秩序を妨害し、または風俗を害すると認めるときは発売禁止、（三）外交軍事その他官庁の秘密事項の無許可掲載禁止、（四）皇室の尊厳を冒瀆《ぼうとく》し、政体を変壊しまたは朝憲を紊乱させようとする事項の出版掲載禁止、の四項目である。

矢内原ほか六名に関する「犯罪事実」としてまず指摘されているのは、矢内原は、「キリスト教徒にして人道主義的立場より学究的に諸種の論説を為し来りたる処

A　民族と平和　昭和一二年一一月二〇日発行

B　通信　同一〇月二三日附第四七号

C　中央公論　同九月一日附九月号

以上の出版物並に新聞紙に（一）皇室の尊厳を冒瀆したる事項（二）安寧秩序を紊乱したる事項を（中略）執筆著作して之を掲記せしめた」

というものであった。

かくして、（一）皇室の尊厳を冒瀆したる事項として、論文「日本精神の懐古的と前進的」と「日本的基督教」を、そして、（二）安寧秩序を紊乱したる事項として、論文「民族と平和」「真理と戦争」「平和の君」そして「戦争と利益」から長々と引用している。

ここで興味を引くのは、出版法違反の罪に問われた論文として特に検事局の関心を引いたのは、岩波書店刊行の『民族と平和』（初版は一九三六年六月二五日）所収の論文であったということである。「国家の理想」を掲載した『中央公論』や藤井武記念講演を収載した『通信』の関係者が出版法・新聞紙法違反の罪に問われたことは事実であるが、しかし、検事局に関する限り、「犯罪」的内容を含む主要文書とは、『民族と平和』の諸論文だったのである。この事実に基づき、「本当の辞職理由」とは『民族と平和』における日本国体批判であったのではないかと、立花隆は推測している。

先にも述べたように、蓑田胸喜は論文「国家の理想」よりも、『民族と平和』や『帝国主義下の台湾』などの学術的著作をより問題視していたから、検事局の判断は、蓑田の立場により近いものといってよいだろう。また、矢内原の証言によれば、安倍源基警保局長は、矢内原辞職の当日に、『民族と平和』を発禁にしたと文部省へ報告したという。安倍警務局長にとっても『民族と平和』は明らかに問題の書であった。

こうして矢内原は警視庁に呼び出され、調書を作られ、その調書は検事局に送られたのち、一九三八年七月二一日と二二日（矢内原は「八月」と述べている）に検事局への出頭が命じられ、長谷川という思想検事から取り調べを受けた。矢内原はこの取り調べを回想して、長谷川が述べた一言が忘れられない、という。すなわち「あなたはどうなっても平気でしょうが、わたしのほうは起訴にするか不起訴にするかを決めねばならぬから大変です」。

しかし、最終的には、矢内原の「問題」著作に対する司法処分はうやむやとなった。矢内原は、その後、この件について一切何の連絡も受けておらず、「たぶん不起訴になったのであろう」と敗戦直後に記している。

2　矢内原事件が意味したもの

以上のように、矢内原事件直後において、当時のマスコミや大学、無教会関係者など、多方面における事件への反応をまとめてみた。このような当時の反響を、前章まで検討してきた矢内原事件の顛末と総合してみたとき、矢内原事件は、その当事者たちやその事件を一九三七年

（昭和一二）当時、実際に見聞した人々にとって、いったい何を意味していたのであろうか。

「国家の権威と学問の自由の衝突」

この問題を考えるに際し、現代の歴史研究者たちが矢内原事件をどのような事件として性格づけているか、をも並行して検討してみよう。

我が国で近現代キリスト教史の観点から矢内原事件に取り組む論考は、矢内原の時局との「戦闘」ないし政府への「抵抗」という性格を強調する。それは、矢内原個人の主観的意図の表現としては適切であろう。

実際、矢内原本人も、キリスト者として「地の塩」であることの重要さを説き、自らそれを実践した。「国家の理想」を説き、時の政府を批判する矢内原の態度は、彼自身が社会に生きるキリスト者としての立場を論じた次の言葉と一致する。

「真のキリスト教は一切の社会的不義を黙視することはできない。それは聖書に示されたる神の絶対に義なる性格より見るも明らかである。社会的不義に対する良心の鈍感は神の義に対する不信仰より来る」

こうした社会的実践の結果として東京帝大教授職を辞職せざるをえなくなり、その後、新しく創刊した個人雑誌『嘉信』はたびたび発禁となった。こうした一連の戦中における体験を総括したエッセイが「戦の跡」（一九四五年〔昭和二〇〕一二月）と題されていることにも明らかなように、矢内原個人にとっては、矢内原事件を中心とする試練は「戦い」にほかならなかった。

しかし、これは矢内原個人の主観から見た矢内原事件の理解であって、それ以上のものではない。政府当局や経済学部における反矢内原勢力の観点についてはまったく示唆するところがない。実際、矢内原の伝記的作品の多くは、矢内原を取り巻く状況を矢内原の観点から描くことに終始する結果、矢内原に攻撃を仕掛けた側がいったい何を考え、どのような動機から矢内原を非難したのか、はっきりしない。したがって、矢内原事件における争点が明瞭とはならないのである。すなわち、矢内原事件とは、矢内原のみならず、その事件に関与した人々にとって、何についての事件だったかが明らかではない。

その点、矢内原事件を、東京帝大経済学部の紛争の一環として理解する場合、矢内原が派閥抗争にどれほど翻弄されたかという点で、やや広い視野を俯瞰《ふかん》することができる。その代表的な研究は、竹内洋の『大学という病——東大紛擾と教授群像』と立花隆『天皇と東大』である。ただし、これらの研究は、派閥抗争という側面からのみ矢内原事件を描く結果、土方の策略として矢内原辞職までの顚末を総括している。竹内によれば、「土方の一の矢は、外野（内務省、文部省）からの援護射撃で標的を射とめ、撃ち落としに成功した」。土方に矢内原事件の主な責任を見出す考えは、アメリカを代表する日本政治思想史家アンドリュー・バーシェイの主張するところでもある。

ただ、これまで見たとおり、土方自身は矢内原追い落としの策略を内心抱いていたかもしれないが、少なくとも公にはそのような意図を持っていなかったと主張している。土方の真意は神のみぞ知るとしても、特に竹内の考察において意識されていないもうひとつの点は、土方と矢内原の思想的対立である。派閥抗争として矢内原事件を理解する限り、それは派閥間の権力争いであるとの前提に立っている。

しかし、こと矢内原に関する限り、学内政治に関心がなかったことを回想して述べているから、派閥抗争というコンテクストは矢内原の主観的意図からすればあまり重要ではないことになる。しかも、土方は、論文「国家の理想」の内容を問題視し、自ら矢内原事件後に自分の主張を論文「時局と大学」にまとめて表明している。土方の行動を派閥抗争というコンテクストだけから説明するならば、土方によるいわば「弁明」はイデオロギー的粉飾にすぎないことを含意する。しかし土方の弁明をそのようなものとして真剣な考慮に値しないと評価する根拠は、管見の限り存在しない。その意味では、土方を単に派閥闘争に専心したと見なすのではなく、その主張内容にも耳を傾ける必要があろう。

視野をさらにひろげて、文部省や蓑田胸喜による矢内原攻撃を視界に収めるなら、矢内原事件は、昭和初期の一連の言論抑圧事件の一環として見なすことができる。本書の冒頭でも述べたように、滝川事件や美濃部達吉の天皇機関説問題は、文部省の主導による国体明徴運動のなかで、蓑田胸喜のキャンペーン運動とも相まって、多くの帝大教授を窮地に陥れることに成功したのである。

英語圏において矢内原忠雄研究の先駆者として知られるスーザン・タウンゼントによれば、矢内原事件とは何をおいてもまず「国家の権威と学問の自由の間の衝突」であったと解釈される。矢内原事件について、かなり詳細に論じた竹中佳彦も、「日本の『ファシズム』の進行（中略）による『自由主義』的な言論・学問の弾圧」という一般に流布してきた見解を基本的に継承しており、矢内原のキリスト者としての言論が矢内原辞職への動きの中で大きな役割を果たした点を強調することでの若干の修正を施すにとどまっている。

これらと同一ではないが、類似の視点に立つ解釈は無教会キリスト者藤田若雄による矢内原論にも見られる。すなわち、矢内原事件における争点として「大学の自治」を指摘しつつ、読者に矢内原事件の現代的意義（とは言っても藤田が書いているのは一九六七年〔昭和四二〕であるから、当時の学園紛争を念頭に置いていると思われる）として次のように述べている。

「今日、われわれにとって問題なのは、大学管理問題であり、大学の自治の問題である。大学関係者が、私的な勢力争いを超克して、大学自治の公義を守るため、統一して戦うことができるかどうか、斧《おの》は木の根におかれているのである。そして、それは、思想の生きたテストなのである。われわれは、このことを考えて、矢内原先生の思想と信仰を学ぶべきではないか」

当事者や同時代人の評価と歴史的評価

しかし、「学問の自由」や「大学の自治」が、矢内原事件の当事者にとって、はたして最重要の争点だったのだろうか。

矢内原にとっては、社会科学者としての見識に基づきつつ、大学教授として政府の施策を批判したが、それ以上に、真正なキリスト者として真理を語ることこそが最重要の課題であった。矢内原にとって、当時の問題は、日本の国策が好戦的であることにあった。論文「国家の理想」のなかには、そうした非戦論の他に、イザヤの言葉を借りて「言論の抑圧」を指摘することもあったが、矢内原が、「学問の自由」に「学問の権威」の問題として言及したことはあっても、それが自分を巻き込んだ騒動の主な争点であるとの認識を明確に示したことはなかった。「大学の自治」に関しては、当時の矢内原の言論には、管見の限りでは言及がまったくない。

それどころか、矢内原事件の一年あまり後の平賀粛学に関して、矢内原が発表した批評は、大学の自治について矢内原が辞職当時持っていた考えを推し測るうえで示唆的である。荒木貞夫文相が、大学改革の旗印のもと、大学の自治を掘り崩そうと試みたのに対抗して、河合栄治郎は反対陣営の中心的リーダーとなったが、その結果、文部省のみならず軍部や右翼勢力によってマークされ、ファシズムを批判した河合の著書は発禁処分となった。

河合を中心とする勢力は、文部省と歩調を合わせた土方成美一派と決定的に対立していたところ、長与又郎の後継者である東大総長平賀譲は、河合、土方両教授をいわば喧嘩《けんか》両成敗とし、ともに休職処分にするよう文部大臣に上申した。結果、高等文官分限委員会は一九三九年（昭和一四）に河合・土方とも休職処分に付したのである。

この平賀粛学という名で知られる事件は、文部省からの圧力に大学総長が屈したのではなく、大学人事の問題に文部省が介入するようわざわざしむけたのである。その意味で大学の自治の内部瓦解《がかい》を象徴するものとして今日では理解されている。

ところが、この平賀粛学の報に接して、創刊間もない個人雑誌『嘉信』のなかで無教会信徒の読者を相手に、矢内原は平賀の行動を「クロムウェル的英断」と称揚しているのである。「人或は言う、粛学の方針は可なれども方法が不可である。教授会の無視は大学自治の放棄である云々。併し乍ら如何なる制度も、之を運用する人物の如何によりて、大なる害を流す。（中略）真実の自治を得る為めには、虚偽の人物を一掃せねばならない」

さらに未発表の断片には次のようにある。

「時局を利用して同僚教授を陥れる如き輩は、之を学外に放逐しなければならぬ。時局に応じて学説的立場を変色するが如き教授も、惜しむに足りない。大学自治を形式的に主張してみても、かかる時勢に於ては何にもならない。粛正は自治よりも緊急であり、真理の擁護は自治の擁護よりも重い」

ここに明らかなように、平賀粛学に際して矢内原は、大学の自治を喫緊《きっきん》の争点と見なしてはいなかったのである。むろん、矢内原事件と平賀粛学の間には一年余の時間的開きがある。しかし、矢内原の発言を照らし見れば、矢内原が自らの辞職の直前に大学の自治という問題について何も記していないという事実は、大学の自治という争点が彼にとって少なくとも最重要の位置を占めていなかったことを示唆しているように思われる。

一方、土方にとって、大学における「研究の自由」は国体との関係で論じられる問題である。大学が時局に超然としていなければならぬという主張の背後には「大学の使命は批判的精神の発揚にあり」という考え方がある。批判精神の重要性を土方とても否定するわけではないが、彼にとってさらに重要なのは、「いかなる批判も我が国体を絶したるものは許されぬ」という点であった。

この論点に関して、大学の研究自由の範囲が狭められるという反論があろうと述べたうえで土方はいう。外国の思想を研究することは自由だが、その発表に際して社会的影響を考慮する必要があり、外国思想を批判する場合は常に国体の本義に立脚して行わなければならない。さらに、外国の思想の長所を摂取するに際しても、国体思想の涵養に貢献するものでなければならないと土方は主張する。このように国体思想を学問研究の座標軸に据えることに、土方は研究の範囲が著しく狭められる危険をまったく認めなかったのみならず、この点に関しては「異存ありとは思われぬ」と記して社会の共通了解であるとの認識を示している。

土方にとって学問の自由はそれ自体独立の価値ではない。むしろ国体思想こそが究極的価値であって、それの涵養に貢献する限りにおいて許容される自由なのである。

先にも指摘したように、当時の論壇において、矢内原事件に関連づけて学問の自由や大学の自治という論点を取り上げて論じたのは、三木清だったが、三木は矢内原事件に直接的に関与したわけではない。

前出の武田隆夫は、矢内原事件当時、東京帝大の学生だったが、彼は「正義」が「暴力」によって踏みにじられ、「真理」が「権力」によって蹂躙された事件として理解していた。しかしその抑圧の対象は、「真理」であり「正義」であっても、学問の自由でも大学の自治でもなかった。「仕事場を固めよ」の執筆者、永野正も矢内原の「自由主義」イデオロギーへの抑圧と見ており、学問の自由を争点と見てはいない。

ただ一人、矢内原事件に学問の自由と大学の自治の危機という問題を的確に見出した事件の当事者は、前章において詳しく論じたように、長与又郎東京帝大総長であった。

こうして見ると、矢内原事件を学問の自由と大学の自治への国家権力による抑圧と見ることが、事件の当事者や同時代を生きた人々の間では決して一般的ではなかったことがわかる。ここに、個々人の同時代的状況認識と一般的歴史的状況把握との間にズレを認めることができる。

ある事件を歴史的に評価する場合、歴史家はその事件に対して時間的に距離をとっている。多くの場合、その事件が起きた数年後の歴史的展開についても詳細に知識を有している。

矢内原事件の後に、何が起こったか。矢内原事件の余韻が冷めやらぬうちに人民戦線事件や教授グループ事件が発生、その一年後には前述した平賀粛学によって大学の自治は根本から掘り崩された。その危機的状況の認識は、たとえば、南原繁が『帝国大学新聞』紙上に発表したいくつかの大学論に看取できる。

さらに、事態は象牙の塔の外でも深刻化の一途をたどった。たとえば、戦時中に発生した横浜事件（一九四二－四五年）に見られるように、『改造』『中央公論』などの総合雑誌に対する検閲や弾圧は苛烈さを増し、思想的に危険視された編集者やジャーナリストは検挙され、激しい拷問を受けた。

日本敗戦の前年には、ついに『改造』『中央公論』ともに廃刊に追い込まれたのである。このようなジャーナリズムへの弾圧の結果、言論の自由は壊滅的打撃を受けるに至った。

そうした一連の動向を知ったうえで、矢内原事件を学問の自由、大学の自治への抑圧の一環として位置づけることは、これまで最も有力な歴史的解釈として流布してきた。しかし、そのような理解は、その事件の当時を実際に生きた人々にとっては必ずしも真実ではなかったのである。

終章　矢内原事件に見る思想的諸問題

マイクロヒストリー的な視点から

従来、矢内原事件は、戦前・戦中における一連の言論抑圧事件のひとコマとして論じられてきた。すなわち、比較的長い歴史的スパンの中に矢内原事件を位置づけ、言論抑圧事件に一般的に見られた構造を大局的に描く試みがなされてきた。

その一方で、矢内原事件は、矢内原個人の伝記的叙述における一コマとしても語られてきた。その場合、矢内原事件はもっぱら矢内原個人の視点から時局との対決、時の政府への抵抗として（時に聖人伝のように）描かれてきた。

本書では、既存のアプローチとは一線を画し、矢内原事件という、これまで歴史のひとコマにすぎないとされてきた事象を、多面的かつ重層的に描出することで、事件の全体像を示そうと試みた。そのために、マイクロヒストリー的な視点から、矢内原事件に直接・間接に関与してきた人々の証言を基に、可能な限り事件を複眼的に見つめ直してみた。

このような視座から矢内原事件を歴史的にいわば「復元」することを試みたうえで、その事件が当事者たちやその他の関係者、および同時代を生きた人々によってどのように解釈されたかを検討してきた。その結果、明白となったのは、矢内原事件とはそれに関与した人々の一人ひとりにとって多様に理解されていたということである。矢内原の時局に対する公的な発言は、立場の異なるさまざまな人々によって、いろいろに解釈され、矢内原本人を含む事件の当事者にとってもコントロールできない形で波紋をよんだわけである。

そして前章では、われわれが学問の自由や大学の自治への抑圧と一般的に理解する現象が、その状況を当事者として体験したり、実際に目撃、見聞した人々によっては必ずしもそのような事態として解釈されていなかったことを指摘した。等しく現代という地点から、同一の歴史的事件を描出するにしても、マクロの視点で事件の歴史的意味を説明する場合と、ミクロの視点で事件の当事者や目撃者にとっての事件の意味を再構成する場合とでは、大きなズレが存在するのである。

そもそも、マイクロヒストリー的方法の一大特徴は、その歴史叙述に登場する人物たちの自由な主体性を強調する点にある。そうであればこそ、本書の叙述では、登場人物たちが、主観的に事態をどう理解していたのか、状況にどのような意図をもって関わろうとしたのかに、特に注目した。

それは見方を変えれば、マクロの視点からは、たとえば、学問の自由や大学の自治への抑圧という大きなストーリーのなかに、矢内原事件を位置づけてしまうと、各登場人物の状況把握や態度決定における、微妙かつ複雑な相違を無視して、あたかもすべての関係者が共通に学問の自由と大学の自治について争っていたかのような歴史叙述になってしまう。マイクロヒストリー的手法によって、そのような過度の単純化を免れることができるのである。

事件を歴史的に考察する

それでは、本書における一連の歴史的叙述と考察は、現代のわれわれにとっていかなる意味を持つのであろうか。

序章でも述べたように、歴史的事象は、そっくりそのまま繰り返すことはありえない。したがって、以上のような歴史的考察から、何らかの「歴史的教訓」を拾い上げるようなことは、現代を生きるわれわれにとって必ずしも有用とはいいがたい。矢内原事件に限らず、過去の事件の歴史的理解が、現代に生きるわれわれにとっての問題に対する何らかの解決策を直接的に示すことはまずないといってよい。すべての歴史的事象は、われわれ一人ひとりの人生と同じく、ただ一回きりのものでしかない。われわれはたえず未知の状況に直面し、それが提示する問題にわれわれの頭で自ら考えて解答を出さざるをえないのである。

しかし、だからといって、歴史的事象を、ただ一回限り生起したこととして、それ特有の個性を理解するだけでは、単なる骨董《こっとう》趣味に陥る恐れがある。すなわち、過去の事件を、現代のわれわれとまったく関係のないものと見なし、むしろ過去が、それ自体として「面白い」というだけのことであれば、いったい現代においてなぜその史実をわれわれが知り、考える意味があるのか、まったく不明なままである。

歴史の教訓とやらを粗雑に拾い集めることも、歴史をただ「面白い」と思うだけの娯楽的理解にとどめることも、望ましい歴史研究の態度ではないだろう。そこで、本書を結ぶにあたり、矢内原事件を歴史的に理解しようと努めるとき、いったいそこにどのような思想的問題を見出すことができるのか、という点に考察の筆をすすめてみたい。矢内原事件において争点となった事柄は、まったく異なった状況においても再び問題として浮上する可能性があるからである。そのような問題の所在を把握するところにこそ、矢内原事件を歴史的に考察することの現代的意義があると考える。

1　ふたつの愛国心

まず、第一に指摘できるのは、愛国心についてどう考えるべきか、という問題であろう。これこそは、矢内原と土方、そして間接的にではあるが、蓑田によっても、共通に論じられた事柄である。

その意味で、矢内原事件は、愛国心に関する論争だったという一面を有する。

「理想」から「現実」を批判する愛国

論文「国家の理想」と講演「神の国」に共通する矢内原の視点は、ある理想を掲げることによって、その理想から現実の日本政治を批判することにあった。理想と現実は必ずしも一致しない。現実が理想から大きく乖離《かいり》するならば、理想に現実を少しでも近づけるために現実を批判しなければならない。

理想は、哲学的観照や宗教的啓示によってもたらされると矢内原は主張した。矢内原個人にとって、正義と平和という「国家の理想」は聖書に見出された神的啓示であった。したがって、正義と平和という理想はまったく揺るがないものであって、少しでもその理想に接近すべく変化しなければならないのは、当時の日本政治と社会の現実のほうであった。

このように、矢内原は、理想と現実の間に弁証法的な緊張関係を見ていた。その理想を愛すること、そして、その理想からかけ離れた現実を批判することが、矢内原にとって真の「愛国心」であった。矢内原のいう「愛国心」は、日本の国が掲げるべき理想を愛することだったのである。

前述のとおり、矢内原は辞職以後、岩波新書の一冊として『余の尊敬する人物』を著した。この作品はエレミヤ、日蓮、リンカーン、新渡戸稲造の伝記的叙述の体裁をとっていながら、いずれも、矢内原の考える真の「愛国」のあり方を論じている。それを伝記的考察に仮託することで、さらなる言論抑圧に対する煙幕としたのであるが、ここで注意すべきは、矢内原にとって「愛国」という論点がどれほど重要であり続けたかということである。矢内原は、東京帝国大学辞職の前後を通じて、一人の（彼の考える）「愛国者」としての立場にこだわり続けたのである。

あるがままの日本に対する愛国

これに対して、土方は、前章で検討したように、矢内原のような国の愛し方があることは認める。しかし、いったん国策が決定し、中国と戦争状態にあった段階では「天皇陛下の将兵の労を嘉し賜う詔勅」がすでに発せられている以上、そうした戦争に反対することほど「非愛国的」なことはない、と土方は断言する。また、そこまで積極的に国の施策に反対せずとも、「重大時局を対岸の火災視し」たり、「時局を軽視する」ような態度も「愛国的であるとはどうしても考えられないのである」。

土方にとって、愛国的であるとは、当時のような緊迫した情勢にあって、心のうちに自然に湧き出てくる、国を案ずる心情だった。国家存亡のときに際して、大学教授として、何らかの直接的貢献をするのが愛国的なのである。土方にとって、日本の理想は愛国心と関係ない。今、この刹那《せつな》に日本がどうあるか、日本が危機に直面するときに、おのずから胸の内に湧き上がる感情こそが「愛国」の問題だった。

蓑田の場合、愛国心を真正面から論じていない。しかし、「侮日的」あるいは「抗日的」といった表現を頻繁に用いて矢内原を攻撃したことに明らかなように、日本国体を侮辱する（と彼が理解する）行為を一貫して敵対視した点で、愛国心の問題を、いわば裏側から、否定的な形で表現している。

蓑田は宣言する。「真理とは日本国体なり」と。したがって、「上御一人に対して『忠』であるということが、さながら世界全人類に対する人道的神聖義務の遂行となる」とまで言い切っている。したがって、蓑田における日本への「愛」とは「真理」愛にほかならない。そうであれば、「日本国体」に対するいかなる懐疑や疑念も（いわんや、批判は）「侮日的」「抗日的」であることになる。

土方と蓑田の間には愛国心の点で温度差があることは明瞭である。土方の場合、危機的状況に照らして、国に「貢献しなければならない」という心情を重視している。蓑田の場合は、そうした状況のいかんを問わず、「真理」としての「国体」に帰依することが当然視されている。蓑田の「愛国心」は土方のそれに比べて熱狂的であるといってよいであろう。

しかし、土方と蓑田に共通するのは、国体思想へのコミットメントである。あるがままの国としての日本に対する愛である。土方も蓑田も、理想は国体にすでに顕現しているという前提に立っている。矢内原の観察したところでは、日本では理想と現実が乖離していたのであるが、国体思想にコミットする限り、そのような乖離はありえないのである。むしろ、日本国民には国体への奉仕、貢献を通じて国体思想の涵養を果たすことができるにすぎない。いわんや、国体に批判的言辞を弄するなど、もってのほかである。

朝河貫一に見る愛国心のあり方

以上の整理から明らかなように、愛国心には大別して二通りある。ひとつは、あるがままの国をそのまま愛すること。もうひとつは、国の理想を愛し、その理想から国の現実が離れるときは国を批判すること、である。このように、矢内原事件は、愛国心のあり方をめぐる論争としての側面を有していた。

そして、この問題は、二一世紀初頭の今日もなお、未解決のまま残されている。第二次世界大戦における日本の敗北という事態を経過してきた現在、愛国心をめぐる議論は、矢内原事件の当時とは異なったおもむきを持つとはいえ、ここに見られる「ふたつの愛国心」という対立軸は、現代において愛国心を考えるうえでも有効な基本的枠組みであると思われる。

近現代日本史を通じて今日に至るまで「愛国心」の問題が、断続的とはいえ論議され続けているということ、それ自体も興味深い問題である。それは、日本の特殊事情のみに由来するのではなく、第二次世界大戦の経験にも大きく影響されているのであろう。現代政治哲学において「愛国心」を論じる主要な論客としてまず指を屈するべきは、ドイツのユルゲン・ハバーマスや、イタリア出身でアメリカでも活躍するマウリッツィオ・ヴィローリであろう。第二次世界大戦において同盟国だった日独伊三国において「愛国心」が関心を呼び続けているのは、おそらく偶然の一致ではなかろう。

特に現代日本において「愛国心」が論じられる場合、戦前・戦中と同じく、あるがままの国としての日本に対する愛として理解されることが一般的であるように思われる。その一方、ひとつには戦前・戦中の経験に対する反省から、愛国心を持つこと、それ自体に対して警戒する傾向も少なからず見受けられる。

しかし、愛国心をめぐる議論は、愛国心を持つべきか、持たざるべきか、という二者択一の問題でなければならない必然性はない。そもそも、愛国心とは何か、それはどうあるべきか、が問われる必要があろう。その意味で、矢内原忠雄が提示した愛国心のあり方は、第三の視点として注目に値しよう。

実は、矢内原の提示した愛国のあり方は、彼の独創ではない。元をたどれば、矢内原の信仰上の師である内村鑑三によって啓発されたものであろう（内村の愛国心をめぐる議論に関しては、二〇〇六年に書肆心水《しょししんすい》から『内村鑑三小選集　愛国心をめぐって』と題して一冊にまとめられている）。しかし、国の理想を愛し現実を批判するという意味における愛国心は、キリスト教信仰によらなければ生じないというわけではない。

その一例を挙げれば、明治末期から昭和初期にかけてアメリカのイェール大学で日本史の教鞭をとった朝河貫一《あさかわかんいち》（一八七三―一九四八）の愛国心論がある。日露戦争がポーツマス日露講和条約をもって終結するに際して、朝河は外交の舞台裏で、黄禍《こうか》論の渦巻く西洋世界を相手に日本の立場の擁護に努め、日露間交渉を仲介したアメリカの方針を決定するうえで大きな役割を果たした。しかし、ポーツマス条約が、日本の軍事的大勝にもかかわらず、賠償金の放棄に終わったことを屈辱外交として、日本国内では批判が噴出し、朝河もそのとばっちりを受けて、あたかも親米的な売国奴であるかのような非難に晒《さら》された。

日本のその後の対外政策は、ポーツマス条約の精神に反して、門戸開放、機会均等の公約とは正反対に、朝鮮半島や中国大陸での権益確保に向かった。その結果、ポーツマス条約締結に際して親日的立場を取ったアメリカも次第に日本に対する不信感を深めることとなった。そうした状況にあって、アメリカから故国に向けて朝河が唯一日本語で記した書物が『日本の禍機』(一九〇九年〔明治四二〕)である。

対外的孤立への道を歩もうとしていた日本に警鐘を鳴らしたこの書物は、その結論を「日本国民の愛国心」と題している。日本人に「愛国心」のあり方を問い直すことを迫ったのである。

朝河の理解では日本の愛国心は武士道に深く影響を受けており、その愛国心に見られる美徳には称賛すべき点も多いとする。しかし、従来、日本で愛国心として知られたものは「義に勇むこと」と「堅固の意志」であった。しかし、武士道はこれらだけにつきるものではない。

武士道に見られながら、日本の愛国心として涵養することがこれまで少なかったのは、朝河によれば、「公平なる態度と沈重の省慮」、すなわち、複雑な国際関係に対面して、他国に対して公平な態度を取り、自国に対して客観的な観察を行う習性だという。

ところが、日露戦争直後の当時の風潮では、「国のためならば正義に反しても可なり」という考えが少なからず見られ、「一時の国利を重んずるのあまり、永久の国害を論ずる人をすら非愛国者となす傾き」があると、朝河は批判している。つまり、目先の国益を追いかけるあまり、長期的視点からすれば国益を害する事柄について警告を発する人を「非愛国者」であると非難する傾向を、朝河は問題視したわけである。

ここで朝河は、矢内原のように国の理想を積極的に説いてはいない。しかし、矢内原が国の理想に照らして国の現実を批判することが愛国心の真のあり方であると論じたのと同じく、朝河は国際関係における日本のあり方を客観的かつ冷静に判断する「国民的反省力」として、愛国心を涵養する必要性を説いている。共に、愛国心を国のありように対する批判的精神として理解しているのである。

矢内原の愛国心論にせよ、朝河のそれにせよ、現代の我が国における愛国心をめぐる議論では顧みられることが相対的に少なく、その意味で彼らが構想した愛国心のあり方は、近代日本の知的伝統においては傍流に属する。しかし、ここに発掘を試みた「もうひとつの」愛国心について考えてみることは、愛国心をめぐる今日の議論を豊かにするうえで有益ではなかろうか。

2 学問の自由と大学の自治

次に、矢内原事件に見出しうる思想的問題は、学問の自由をめぐるものである。矢内原事件の当事者の中では、特に長与又郎東京帝大総長を悩ませた問題であり、矢内原事件直後に三木清によって指摘された論点でもある。

学問の自由とは、言論の自由と若干異なる概念である。言論の自由とは、一般市民が公に自分の思想、良心を表明する際、検閲を受けない自由を意味するが、学問の自由は、思想、良心一般ではなく学問的活動だけに関わる自由である。

現代日本では、一般国民が学問活動にたずさわる自由として理解されることも少なくないようであるが、欧米で一般的な「学問の自由」の概念理解に従えば、学問の自由を享受できるのは大学関係者に限られるものとされる。しかも一口に「学問の自由」といっても大別して三つの異なる意味がある。

三種類の学問の自由

ロンドン大学ユニヴァーシティー・コレッジ法学教授のエリック・バレントによれば、学問の自由には三種類あり、その第一は個々の学者の権利に関するもの、第二に、大学の制度的自律性に関わるもの、第三に大学の運営における学者の自治権に関するもの、である。以下にこれを敷衍しよう。

まず第一の意味、個々の学者の権利としての学問の自由とは、学者一人ひとりが研究教授活動を行う自由である。その自由の内容は、より具体的に言えば、ひとつには、大学の研究者が、自分の問題関心に従って研究活動を行い、その成果を公表・出版する点において自由であるという意味である。また、その研究者が大学で教鞭をとる際、自分の真理観に基づいて、その研究領域における学問的真理を伝授することにおいて自由であるということをも意味する。端的に言えば、研究者個人が研究を行い、その成果を公にし、教室で教える際の自由が保障されているということである。

学問の自由の第二の意味とは、大学の制度的自律性ということであるが、平易に言い換えれば、大学の運営に際して国家から干渉を受けないという意味での自由を意味する。これはたとえば、大学における新しい教授の選考過程で、学者たちがもっぱら研究者および教育者としての資質・能力によって応募者を選抜するのが理想であるが、そこへ国家権力が介入し、国家にとって都合のよい人材や権力者のコネによる採用を強要したりする場合は、大学の制度的自律性という意味における学問の自由は侵害されることになる。このように、大学における人事の問題は、大学の制度的自律性と深く関わっている。

学問の自由の第三の意味は、大学の運営における学者の自治権を意味するが、それは換言すれば、大学の最高意思決定機関（たとえば評議会）においてその構成員の過半数を学者が占めることである。アメリカの大学では、評議会の構成員は必ずしも大学人ではない。たとえば、大学によってはある宗派のキリスト教会が大学の運営に直接関わり、評議会の構成員として大きな発言権を持つ結果、大学における研究のあり方や教育カリキュラムに影響を及ぼすことが少なくない。これに対して大学の評議会の大半または全員が大学人の場合は、大学人による大学運営上の自治を容易に守ることができる。

長与が、日記の中で「学問の自由」について記したとき、彼は、バレントのいう第一の意味、すなわち、個々の学者が研究教授活動を行う自由を意味していた。矢内原事件に際して、長与が日記に次のように書いているのがそのケースにあたる。「自由思想を抱く者は一人も大学教授たるを得ざるときは大学の学問の自由没落す」。ただし、矢内原事件の場合、専門的研究の内容ではなく大学外における公的発言が問題視されたにもかかわらず、その区別に長与は自覚的ではなかったようである。

大学の制度的自律性

一方、長与が「大学の自治」と呼ぶのは、バレントのいう第三の意味の学問の自由ではなかった。なぜなら、東京帝大の最高意思決定機関だった評議会は学者のみによって構成されており、土地の名士などといった外部の人間をメンバーとして含んでいなかったからである。その意味で第三の意味の学問の自由は東京帝国大学では問題たりえなかった。

むしろ長与のいう「大学の自治」とは、バレントのいう第二の意味における「学問の自由」、つまり国家による干渉からの大学の自由を意味していたと考えるべきであろう。

大学の制度的自律性、国家からの自由という意味の「大学の自治」は、しかし、大学をいったい誰が代表するのかという問題をめぐって曖昧《あいまい》さを抱えていることをバレントは指摘している。すなわち、大学の自治といっても大学を構成する全職員で大学を運営しているわけではない。ひとつの大学は、実際問題として、それを代表する人または人々によって運営されているのである。

しかし大学を「代表」する人とは誰なのか。大学学長・総長か、大学の評議会なのか、それとも大学の学部長をも含めるのか。

この問題に対する一義的な解答は存在しない。個々の大学はそれぞれ運営上の伝統や慣習を持ち、大学の「代表」が誰であるのかは各大学によって見解は異なりうる。しかし、一般的にいえるのは、大学は各種委員会のネットワークとしての一面を有し、それらの委員会による合意形成を通じてひとつの組織として意思決定を下す傾向が著しい。

実際、矢内原問題においても、長与が苦慮したのは、どうしても土方経済学部長との間で合意に到達することができなかった点である。長与は全学で一致した行動をとることを望んでいたが、肝心の経済学部と折り合いをつけることができなかったのである。

その意味で、東京帝大の場合、経済学部における派閥抗争が大学の自治にとって致命的な打撃を与えたことは否定できない。すなわち、土方経済学部長が、長与総長の方針に従うことを拒否し続けたことは、大学が合議を通じて統一意思を形成することに失敗したことを意味する。その結果、長与自身が日記に繰り返し記しているように、最終的な決定は、総長一人の権限にゆだねられた。

しかし、文部省から矢内原の国体思想に反する文言を突きつけられ、木戸文部大臣から自身の進退にまで問題が発展する可能性を示唆されて、長与は匙《さじ》を投げてしまった。周囲から弱いリーダーだと思われていた長与一人には、大学の自治を守り通すことはとうてい負いきれない重荷だったのである。

「大学の自治」の脆弱性

この点で長与を責めるのは容易であるが、しかし、当時の状況から判断すれば、それはいささか酷な判定といえないだろうか。むしろ問題とすべきは、「大学の自治」それ自体の脆弱性《ぜいじゃくせい》である。大学内部において、各学部やさまざまな委員会と共同でスムーズに合意形成がなされる場合は問題ない。それは大学がひとつの団体として統一的意思表明をすることを可能にするからである。

しかし、長与の直面した問題は、文部省からの介入の原因となる問題を抱えていた当の学部の学部長が、総長に反旗を翻したことだった。これによって、総長のリーダーシップは大きく損なわれただけでない。長与はこうして総長の独立権限に訴えざるをえない状況に追い込まれたのだが、そのことはすなわち、長与一人の肩に大学の自治の存否がかかっていたことを意味する。

このことから明らかなように、大学の自治という制度的特権は、究極的には、学長・総長一人に依存する。ということは言い換えれば、大学の自治は、つまるところ、学長・総長のリーダーとしての個人的特質にかかっているのである。弱いリーダーの下では大学の自治など雲霧消しかねないのである。「大学の自治」は制度的に、いかにも致命的に脆弱であるといわざるをえない。

大学史研究者の潮木守一はドイツの大学についての興味深い書物の中で、一九世紀末から二〇世紀初頭にかけてプロイセン文部省の大学行政の中心であり続けたアルトホーフという人物に注目している。ベルリンの文部省から全ドイツの大学に対して、四半世紀におよんで絶大な影響力を行使し続けた高級官僚である。

潮木によれば、アルトホーフは大学の自治、学問の自由がいかに脆弱なものであるかを知悉《ちしつ》していたという。大学教授たちの合議制は結局のところ派閥抗争の繰り返しによって内輪喧嘩に終わり、アルトホーフが出てゆかなければ、何一つ重要な意思決定はできないということをアルトホーフは知っていた。

「教授会の自治」を認めれば認めるほど、「内部抗争の果てに、自然崩壊の道をたどる」というのである。だから、ビスマルクが「学者共和制を叩き潰《つぶ》さねばならない」と息巻いたときに、アルトホーフは、「自分の目の黒いうちは、学者共和制を叩き潰すようなことはさせない」と言ったという。なぜなら、学者による「自治」こそは、アルトホーフ自身の影響力を強固にしてくれるものにほかならなかったからである。すなわち、当時の大学の自治は、アルトホーフの庇護の下においてかろうじて存続できていたという逆説的な事態にあったのである。

この例にも見られるように「大学の自治」は、言うは易く、実際に維持・防衛するのは困難きわまりないものなのである。矢内原事件は、その脆弱さを具体的かつきわめて先鋭な形で示している。そして、この問題も、愛国心の場合と同様、現代においてなお、未解決の問題としてわれわれに残されている。

3　言論抑圧をどう捉えるか

さて、最後の思想的問題は、言論抑圧をどのように認識するかという問題である。言論人や出版人にとって、言論抑圧がどのように体験されたか、という問題をめぐって、矢内原事件の場合をこれまで詳細に見てきたわけだが、矢内原事件の当事者や事件を実際に見聞した人々の間では、必ずしも学問の自由や大学の自治に対する侵害という意味での言論抑圧事件としては認識されていなかったことを、前章で確認した。

最終的に、平賀粛学で大学の自治は大きく掘り崩されたわけだが、では、象牙の塔の外では、出版社と言論人は言論抑圧にどのように直面していたのか。この点を矢内原事件以後の展開を若干解説すれば次のようになろう。

出版社の活動方針への干渉

第一次近衛内閣が、戦時体制への切り替えの一環として閣内に内閣情報部を新設したことはすでに見たが、次第に整備が進んでいた言論統制機構は、一九四〇年（昭和一五）一二月六日、内閣情報局の設置によって完成を見た。

畑中繁雄『覚書　昭和出版弾圧小史』（図書新聞社、一九六五年）によれば、この内閣情報局が打ち出した新機軸は、出版社の編集企画内容への干渉であった。「雑誌、出版懇談会」という名称のもと、月一、二回、出版社の編集責任者らを招集し、既刊行物において「好ましくない」内容のものに関して批評し、今後の差し止め事項や編集内容への注文を情報局が通達する会合が持たれたという。

一九四一年二月二六日、情報局二課は、中央公論社編集幹部との「懇談会」を持った。この「懇談会」は、かなり険悪な雰囲気に包まれたものとして畑中の記憶に鮮明なものだったようである。当時、内閣情報局は帝国劇場の建物内に所在し、その第三会議室で「懇談会」は催された。

当時、雑誌『中央公論』編集部次長だった畑中は、嶋中雄作社長らに同行した。情報局側からの出席者は、第二課長の大熊譲《おおくまゆずる》海軍大佐や情報官鈴木庫三《すずきくらぞう》少佐などだった。鈴木少佐は当時言論弾圧の急先鋒としてその名を知られており、国内の外国思想、とりわけ自由主義を撲滅することに使命感を抱いていたという。

「懇談会」席上、情報局側は開口一番、自由主義的な編集方針から根本的転換を考えるよう中央公論社側に促した。嶋中社長はこれに対し、「命令さえ下せば国民がいうことを聞くと思ったら、それは間違いだ、ただ知識階級に対する言論指導はわれわれが専門とするところであるから自分たちに任せてもらえないか」と発言した。

すると、鈴木少佐は怒鳴りだし、「このさいに君はなにをいうか。そういう考えをもっている人間が出版界にはびこっているから、いつまでたっても国民は国策にそっぽをむくのだ。もともと自分は、出版はあくまで民営であるべきだという信念をもっていたが君らのような人間はとうてい許しがたい。君は社内の後輩にむかっても、いつも自由主義的方針を宣伝しているではないか。隠しても無駄だ、その証拠はちゃんとあがっているのだ。君は知らんだろうが、君らの足元の若い社員から、そういう投書が自分のもとにきているのだ。そういう中央公論社は、ただいまからでもぶっつぶしてみせる!」と息巻いたという。

出版手段に対するコントロール

内閣情報部（一九四〇年〔昭和一五〕より情報局）の出版活動への干渉によって、当局にとって「好ましくない」思想を有する執筆家は、徐々に言論活動の場を奪われてゆくこととなった。戦時中はリベラル派の論客としてその名を知られ、戦後は読売新聞社の主筆・社長を歴任したジャーナリスト馬場恒吾は、戦後、次のように回想している。

「私は大東亜戦争の始まる年までは、一週間に一度は新聞に、毎月幾つかの雑誌に政治評論的のものを書いていた。それがだんだん書けなくなって、戦時中は完全に沈黙せざるを得なかった。どうしてそうなったかというと、新聞や雑誌が私の原稿を載せなくなったからである。しかしいかなる官憲も、軍人も、私自身に向ってこの原稿が悪いとか、こういうことを書くなと命じ、または話してくれたこともない。すべてが雑誌記者もしくは新聞記者を通しての間接射撃であった」

馬場恒吾（1875－1956）

実際、一九四一年二月二六日の、中央公論社との「懇談会」の席上で、内閣情報局側は、「禁止執筆者」のリストを「内示」した。そのリストには、横田喜三郎、馬場恒吾、清沢洌、田中耕太郎らの名前に混じって、矢内原忠雄の名前も挙げられていたという。

このことから明らかなように、東大辞職以後も矢内原忠雄に対する監視は決して弱められたわけではなかった。

さらに、一九四〇年設立の日本出版文化協会は、表向きは出版業者の自主的団体であったが、実質は、情報局の下部機関で、その主な役割は出版社に対する用紙の配分であった。企画内容によって用紙割り当てが決まった。この日本出版文化協会はのちに日本出版会に改組され、国家総動員法による統制団体としての実権を掌握した。

こうした状況の下、矢内原の『嘉信』に対する用紙配分は、制限された。出版物は印刷する紙がなければ発行しようがない。言論抑圧は、出版活動の方針についての干渉のみならず、出版手段に対するコントロールという形でも展開されたのである。

以上のような動きは、言論抑圧のプロセスとして、出版社や言論人には明確に認知できたことである。ところが、彼らにはその事実について公にする機会が奪われていた。言論抑圧が激化すればするほど、それに対する告発は公の場から姿を消していったのである。馬場恒吾の証言はこの点を雄弁に物語っている。

表舞台から消えていく言論人

この点を踏まえたうえで、視点を変えてみよう。言論人でも出版人でもない、一般読者の立場からは、当時の言論抑圧はどのように見えたのであろうか。

世論形成に影響力を持つメディアには、言論が抑圧されている状況下でも、さまざまな言論人が登場し、それなりにいろいろな言論活動が展開され続ける。

だが、ここで注目すべきは、言論抑圧という状況下で横行する言論のひとつが、そうした事態をあたかも常態視《ノーマライズ》するかのようなものである点である。矢内原事件直後に総合雑誌で目立った見解のひとつは、学問の自由や大学の自治がもはやありえないことを、あたかも議論の余地がないかのように主張するものであった。

第四章で関口泰の文章を引用したが、その中に次のような言葉があったことに読者は目を留められただろうか。

「学問の自由だの大学の自治だのということは今時通用しないとしても、大学教授の身分が一般文官分限令の保障以下のものである筈はない」（傍点引用者）

矢内原事件の翌年の一九三八年（昭和一三）には、総合雑誌で大学問題がさまざまに論じられた。そうした中で目立つ発言は、この関口泰の言葉のように、学問の自由や大学の自治など「今時通用しない」という認識を、あたかも当然のことであるかのように表明するものであった。当時の一般読者の立場からすれば、こうした発言を繰り返し目にするうちに、現代はそういう時代なのだ、しょうがないのだ、と納得してしまうものではないだろうか。

それにもかかわらず、そうした時代は、後世においては、学問の自由や大学の自由が壊滅的打撃を受けた時代として歴史家によって批判的あるいは否定的に評価されている。では、言論界やメディアでの報道に日々接することを通じて、言論をめぐる状況に的確な「診断」をリアルタイムに下すことは一般読者に可能であろうか。

自らはメディアを通じて発言することのない一般国民の目で見たとき、言論界の大局的な動向を見定めるうえで重要な姿勢とは、どのような言論人が何を言っているか、を常に満遍なく押さえることではないだろう。むしろ重要なのは、どのような言論人が表舞台から消えていったか、どのような見解をメディアで目にすることがなくなったかについて、把握することではないだろうか。

この点を理解するうえで、先ほど引用した馬場恒吾の言葉が決定的に重要である。もう一度ここに引用しよう。

「私は大東亜戦争の始まる年までは、一週間に一度は新聞に、毎月幾つかの雑誌に政治評論的のものを書いていた。それがだんだん書けなくなって、戦時中は完全に沈黙せざるを得なかった。どうしてそうなったかというと、新聞や雑誌が私の原稿を載せなくなったからである。しかしいかなる官憲も、軍人も、私自身に向ってこの原稿が悪いとか、こういうことを書くなと命じ、または話してくれたこともない。すべてが雑誌記者もしくは新聞記者を通しての間接射撃であった」

戦時中、馬場恒吾は「沈黙」せざるをえなかった。それは、矢内原忠雄にしても同様である。

なるほど、矢内原の場合、岩波茂雄の支援を受けて、岩波新書から著書を発表する機会が与えられた。とはいえ、『中央公論』をはじめとする総合雑誌に個人的な政治的見解を発表する場は、ほぼ完全に閉ざされてしまった。彼らのようなブラックリストに名前が載っていた言論人は、ある時から忽然《こつぜん》と言論界から姿を消した。このように、ある一定傾向の政治的見解を持つ言論人が、一人、また一人と、オピニオン雑誌や新聞など、影響力の大きい媒体から、いつの間にか姿を消す時こそが問題である。

しかし、消えていった人の声は聞くことができない。沈黙させられている人は、沈黙させられているという事実についても発言することができない。まさしくそこに、言論抑圧という現象が、大半の人々には認知されにくい、ひとつの大きな理由があるように思われる。

あとがき

私にとって、日本語では四冊目の著書となる本書は、一般的分類からすれば近現代日本史の分野に属する。しかし、私はもともと日本史を専攻する者ではない。私の専門分野は中世ヨーロッパの政治思想史である。専門分野をあえて越境して研究著作することに対して、自分の専門だけに取り組めばよいのだとわざわざ忠告してくださる向きもあるようだが、私にとっては、自分の「専門」だけをやっていればよいとする学問への取り組みかたは、まったく納得がゆかない。なぜなら、私の仕事は、ふたつの大きな問題関心に根ざしているからだ。

そのひとつは、政治思想的な伝統に文化的特性あるいはアイデンティティと呼べるようなものがあるとするなら、それは、ヨーロッパと日本においては何なのか、という問題である。これは、現代日本に生を享けた私自身の政治思想史的な自己理解という課題である。この点については、前著『ヨーロッパ政治思想の誕生』（名古屋大学出版会、二〇一三年）で、ヨーロッパを対象に真正面から取り組み、一応の「中間報告」をまとめたつもりでいる。しかし、こうした探求も、今から一二年前に初めての著書『反「暴君」の思想史』（平凡社新書、二〇〇二年）で、暴政への抵抗思想の伝統の東西比較を試みたのが端緒にあたる。

もうひとつの問題は、不正な政治と対決するとはどういうことなのかという問題である。これは、現代政治と社会に対して、私が学問を通じてどのように貢献すべきかという問題と関わっている。

現代政治理論ではジョン・ロールズ以来、正義論がさまざまに論じられているが、私の場合、むしろ不正な政治を発見し、これを矯正するにはどうしたらよいのかという「裏側」からのアプローチに関心があり、また、そのほうが実践的に生産的であると考えている。

この問題は、『反「暴君」の思想史』の基本テーマであり、それをさらに『政治診断学への招待』（講談社選書メチエ、二〇〇六年）において引き継ぎ、医療における診断の方法をモデルにして政治判断の理論を構想するという実験的考察を行った。しかし、このような不正な政治に対する抵抗の理論への関心は、シェフィールド大学で博士号を取得するために一四世紀のフランチェスコ会士ウィリアム・オッカムの異端的教皇への抵抗の理論を研究したことに端を発している。

さて、今回の矢内原事件についての歴史的考察は、後者の問題、すなわち、不正な政治との対決を、具体的な歴史的状況において、理論ではなく実践として捉えたいという考えから生まれたものである。不正権力への抵抗とその正当性に関する理論は、理屈としてわかっても、実際問題としてこれを行動に移すことは容易ではない。その「容易ではない」ことを実践した例のひとつが矢内原忠雄による戦時中の日本政府への批判であった。

私にとって、矢内原による政府批判とオッカムによる異端的教皇への異議申し立ては、不正権力への抵抗という点で相似関係をなす。その限りで、中世ヨーロッパに素材を求めようと、昭和初期の日本を題材に取ろうと、私にとって同種の問題を扱っていることに変わりはない。主題が日本史に関わるから、日本的な政治的思惟《しい》の特性という「もうひとつの」問題と無関係ではないが、今回は、虻蜂《あぶはち》取らずになることを避け、政治思想の文化的アイデンティティという問題をあえて追求しようとはしなかった。

むしろ、この小著では、政治権力への抵抗をめぐる実践的諸相を描くにあたって、可能な限り、登場人物の息づかいが聞こえるような、人間臭さでムンムンするような叙述にしたいと思った。読書を通じて歴史を追体験できるようなものにしたかったのである。しかし、私はもともと思想史ばかり学んできた者であるから、そのような歴史叙述を試みるのはこれが初めてである。その課題を果たしえたかどうかは私にはわからない。

＊

矢内原事件を総合的に描出する試みとしての本書に何か独自性を主張できる点があるとすれば、そのひとつは矢内原の論敵である蓑田胸喜の主張をいささか詳しく論じた点であろう。蓑田は、本文でも論じたように、今世紀に入るまで、歴史家から無視されてきた存在だった。なるほど、蓑田の帝大教授に対する非難キャンペーンは異様なまでに執拗であり、彼の文章には批判対象に対する罵詈雑言がちりばめられていて、人によってはあまりに卑劣でまともに相手にできないという印象を抱くのも首肯できる。

しかし、その反面、蓑田があれほど口をきわめて帝大教授を罵っているとはいえ、彼は自分の本名を公表してすべての言論活動を行った点で、発言にそれなりの責任を持っていたことは興味深い。なぜなら、今日、インターネットの普及に伴い、ブログなどの形で、誰でも匿名で個人的見解を公にできるようになっているが、こうした匿名の発言にはなかば誹謗中傷に近いものも少なくないからである。それはたとえば、インターネット上の書店アマゾンにおいて、顧客が書籍や音楽、映画などについて投稿する「レヴュー」を見れば一目瞭然である。

私が問題としたいのは、こうした匿名性に隠れた発言を公にしやすいインターネットは、気安く他人を誹謗中傷することを温存・促進する傾向があるということである。本名を明かさなければ自分の発言を公表できないようになったとしたら、現在、インターネット上にあふれている発言のどれだけが撤回されずに残るだろうか。蓑田のように自分の本名と顔を公共の場に晒してまで罵詈雑言を吐き散らすことのできる人はそういないのではあるまいか。

むろん蓑田の生きた時代と現代とでは情報メディアをめぐる環境が大きく異なっていることに鑑みれば、蓑田は罵詈雑言を吐き散らすのに自分の顔と名前をあえて公に晒したのではなく、公に晒さざるをえなかったのだという見方もありえよう。しかし、仮にそうだったとしても、蓑田が一九四六年（昭和二一）一月に自殺したという点がひっかかる。その死は、タイミングから判断して、おそらく昭和天皇の人間宣言（同年一月一日に発布）と無関係ではなかったであろう。

蓑田は自分の思想に命を賭《か》けていたのではあるまいか。岩波茂雄は蓑田自決の報に接して、「やはり彼は本物だった」という主旨のことを述べたというではないか。

インターネットにおける発言の自由が持つ政治的価値の重要性は認めるとしても、その自由は諸刃《もろは》の剣である。毀誉褒貶《きよほうへん》は人の勝手とはいうものの、発言する側に倫理的な自己規律がなくては、インターネットの持つ匿名性が、ことによると、顔の見えない大衆一人ひとりを、蓑田ほどの思想的覚悟はないが罵詈雑言を吐き散らすことだけは、蓑田並みに立派(?)な矮《わい》小《しょう》な存在へと貶《おとし》めうるのではないか。そうした状況は、二一世紀初頭における「多数の暴政」の温床とさえなりうると考えるのは杞《き》憂《ゆう》であろうか。

＊

このささやかな書物が成立するまでに、多くの方々のご支援、ご協力を賜った。

国際日本文化研究センターの郭南燕先生には、資料調査のため、同センターの施設を利用させていただくうえで、きめ細かにご配慮いただいた。慶應義塾大学法学部名誉教授の鷲見誠一先生、同大学法学部教授の小林良彰先生と堤林剣先生には、慶應義塾に訪問准教授として滞在するにあたり、いろいろとお世話になった。無教会今井館資料館の鈴木九十九氏、福島穆氏をはじめとする関係者の皆様には、無教会関連の資料調査のために懇切に便宜を図っていただいた。また私の勤務するオタゴ大学の付属図書館のスタッフには数多くの無理な注文も聞き入れていただいた。さらに、ギャリティ恵子さんとアラン・ギブスン氏からこれまで賜ってきたご厚情は筆舌に尽くしがたい。

以上の方々に心より御礼申し上げたい。

この小著は、オタゴ大学研究助成による研究成果の一部である。本書の基本原案は、以下の英語論文としてすでに発表してある。

'Censorship, Academic Factionalism, and University Autonomy in Wartime Japan: The Yanaihara Incident Reconsidered', *Journal of Japanese Studies*, 40 (2014), pp. 57-85.

中公新書編集部長白戸直人氏には、本書の企画が正式に成立するまで大変お世話になった。しかし、その後、諸々の個人的事情で脱稿が大幅に遅れてしまい、ご迷惑をおかけしたことをお詫び申し上げねばならない。スタジオ・フォンテの赤羽高樹氏、そして白戸氏の後を受けて本書を担当されることになった中公新書編集部の上林達也氏には、出版までの工程においてさまざまにご尽力賜った。さらに、校閲の方々には、思いがけない見落としや誤りをご指摘いただいた。衷心より感謝申し上げる次第である。

最後に、二〇一三年七月に逝去された中村勝己先生への深い感謝の念を記しておきたい。先生が慶應義塾大学経済学部で教鞭をとられた最後の年にあたる一九八九年の四月に、私は、三田キャンパスで先生の「近代市民社会論」を受講したが、その初回の講義に受けた衝撃は、以来二五年を経た今もはっきりと脳裏に残っている。無教会キリスト者として矢内原忠雄に師事された先生との出会いがなければ、私が矢内原の研究を試みることはいうまでもなく、思想史研究者としての現在の私もおそらく存在しなかったであろう。しかし、矢内原を主題として初めてまとめたこの小著を先生にご覧いただくことは、もはやかなわない。そのことが、心残りである。

二〇一四年七月二六日

将基面貴巳

主要参考文献

大河内一男、畑中繁雄、河合栄治郎、大内兵衛、小野塚喜平次、三木清、馬場恒吾……中央公論新社
蓑田胸喜……講談社『昭和二万日の全記録4』(1989年)より
土方成美……歴史写真会『歴史写真』昭和14年3月号より
長与又郎……ポプラ社『スポーツ人国記』(1934年)より

Magnússon, Sigurdur Gylfi, '"The Singularization of History": Social History and Microhistory Within the Postmodern State of Knowledge', *Journal of Social History*, 36 (2003), pp. 701-735.
Marshall, Byron K. 'Academic Factionalism in Japan: The Case of the Todai Economics Department, 1919-1939', *Modern Asian Studies*, 12 (1978), pp. 529-551.
——, *Academic Freedom and the Japanese Imperial University 1868-1939* (Berkeley: University of California Press, 1992)
Mitchell, Richard H., *Thought Control in Prewar Japan* (Ithaca: Cornell University Press, 1976)
Post, Robert, 'The Structure of Academic Freedom', in Beshara Doumani, ed., *Academic Freedom after September 11* (New York: Zone Book, 2006), pp. 61-106.
Shogimen, Takashi, '"Another" Patriotism in Early Showa Japan (1930-1945)', *Journal of the History of Ideas*, 71 (2010), pp. 139-160.
——, 'The Legacy of Uchimura Kanzō's Patriotism: Tsukamoto Toraji and Yanaihara Tadao', in Shibuya Hiroshi and Chiba Shin, eds., *Living for Jesus and Japan: The Social and Theological Thought of Uchimura Kanzō* (Grand Rapids, Michigan: William B. Eerdmans, 2013), pp. 93-112.
——, 'Censorship, Academic Factionalism, and University Autonomy in Wartime Japan: The Yanaihara Incident Reconsidered', *Journal of Japanese Studies*, 40 (2014), pp. 57-85.
Tipton, Elise, *The Japanese Police State: The Tokko in Interwar Japan* (Honolulu: University of Hawaii Press, 1990)
Townsend, Susan C., *Yanaihara Tadao and Japanese Colonial Policy: Redeeming Empire* (Richmond, Surrey: Curzon, 2000)
——, *Miki Kiyoshi 1897-1945: Japan's Itinerant Philosopher* (Leiden: Brill, 2009)
Viroli, Maurizio, *For Love of Country: An Essay on Patriotism and Nationalism* (Oxford: Oxford University Press, 1997)

写真

矢内原忠雄……岩波書店『矢内原忠雄全集』第一巻（1963年）、第二十六巻（1965年）より

真壁仁「矢内原忠雄の植民政策論と絶対平和論」『平和の政治思想史』千葉眞編、おうふう、2009年、149-183頁
牧野武夫『雲か山か――雑誌出版うらばなし』学風書院、1956年
政池仁『聖書の日本』41号、1938年2月
松井慎一郎『河合栄治郎　戦闘的自由主義者の真実』中公新書、2009年
丸山眞男・福田歓一編『聞き書　南原繁回顧録』東京大学出版会、1989年
三木清「大学の権威」『文藝春秋』1938年1月、184-192頁
『蓑田胸喜全集』全7巻、柏書房、2004年
美濃部亮吉『苦悶するデモクラシー』文藝春秋、1959年
村上一郎『岩波茂雄と出版文化　近代日本の教養主義』講談社学術文庫、2013年
矢内原伊作『矢内原忠雄伝』みすず書房、1998年
山田文雄「東大経済学部問題の真相」『改造』1939年3月、71-80頁
山辺健太郎編『現代史資料14－社会主義運動1』みすず書房、1964年
吉見俊哉『大学とは何か』岩波新書、2011年

英文文献

Barendt, Eric, *Academic Freedom and the Law: A Comparative Study* (Oxford: Hart Publishing, 2010)
Barshay, Andrew E., *State and Intellectual in Imperial Japan: The Public Man in Crisis* (Berkeley: University of California Press, 1988)
Brown, Richard D., 'Microhistory and the Post-Modern Challenge', *Journal of the Early Republic*, 23 (2003), pp. 1-20.
Doak, Kevin M., *A History of Nationalism in Modern Japan* (Leiden: Brill, 2007)
Habermas, Jürgen, "Citizenship and National Identity," in Habermas, *Between Facts and Norms: Contributions to a Discourse Theory of Law and Democracy* (Cambridge, Mass.: MIT Press, 1996), Appendix II.
Kasza, Gregory J., *The State and the Mass Media in Japan, 1918-1945* (Berkeley: University of California Press, 1988)
Levi, Giovanni, 'On Microhistory', in Peter Burke ed., *New Perspectives on Historical Writing* (Cambridge: Polity Press, 1991), pp. 93-98.

年、611-826頁
東京大学百年史編集委員会『東京大学百年史　通史二』東京大学出版会、1985年
——『東京大学百年史　部局史一』東京大学出版会、1986年
「東京帝国大学教授矢内原忠雄免官ノ件」（国立公文書館デジタルアーカイブ）
内務省警保局『昭和16年度における社会運動の状況』第2巻、三一書房、1972年
中村勝己『内村鑑三と矢内原忠雄』リブロポート、1981年
南原繁『国家と宗教　ヨーロッパ精神史の研究』岩波書店、1958年
南原繁・大内兵衛・黒崎幸吉・楊井克巳・大塚久雄編『矢内原忠雄　信仰・学問・生涯』岩波書店、1968年
西村秀夫『矢内原忠雄』日本基督教団出版局、1975年
秦郁彦編『日本官僚制総合事典　1868-2000』東京大学出版会、2001年
畑中繁雄『覚書　昭和出版弾圧小史』図書新聞社、1965年
春原昭彦『日本新聞通史　1861年－2000年』四訂版、新泉社、2003年
土方成美「時局と大学」『中央公論』1938年1月、154-165頁
——『事件は遠くなりにけり』経済往来社、1965年
フェスト、ヨアヒム『ヒトラー最期の十二日間』鈴木直訳、岩波書店、2005年
『藤井武全集』全10巻、岩波書店、1971-72年
藤沢武義「平和と正義を求めて　太平洋戦争入獄記」オカノ・ユキオ編『資料　戦時下無教会主義者の証言』キリスト教夜間講座出版部、1973年、836-849頁
藤田若雄『矢内原忠雄——その信仰と生涯』教文館、1967年
——編著『内村鑑三を継承した人々——十五年戦争と無教会二代目』上下、木鐸社、1977年
細田民樹「島中雄作」『中央公論』昭和25年10月号、176-182頁
堀川直義「戦時学界風景」『中央公論』1938年4月、370-379頁
——「大学自治異変」『中央公論』1938年9月、231-239頁
本位田祥男「時局と大学」『改造』1938年1月、225-231頁
前田一男「『教学刷新』の設計者・伊東延吉の役割」寺崎昌男・編集委員会共編『近代日本における知の配分と国民統合』第一法規、1993年、368-388頁

2002年
——『言論統制——情報官・鈴木庫三と教育の国防国家』中公新書、2004年
塩出環「帝大粛正運動と原理日本社」『日本文化論年報』4号、2001-03年、41-72頁
篠田一人「無教会主義キリスト者の抵抗——藤沢武義を中心として」同志社大学人文科学研究所編『戦時下抵抗の研究：キリスト者・自由主義者の場合』みすず書房、1968年、48-92頁
将基面貴巳「矢内原忠雄と『平和国家』の理想」『思想』938巻、2002年6月、27-47頁
菅野司郎「大学騒動楽屋話」『中央公論』1938年1月、154-173頁
関口泰「帝国大学の問題」『中央公論』1938年4月、354-362頁
高野邦雄『新版　天皇制国家の教育論　教学刷新評議会の研究』芙蓉書房出版、2006年
竹内洋『大学という病——東大紛擾と教授群像』中公文庫、2007年
——「帝大粛正運動の誕生・猛攻・蹉跌」竹内洋・佐藤卓己編『日本主義的教養の時代　大学批判の古層』柏書房、2006年、11-49頁
竹中佳彦『日本政治史の中の知識人』上下、木鐸社、1995年
立花隆『天皇と東大』全4巻、文春文庫、2012-13年
田中耕太郎述・柳沢健編『生きてきた道　伝記・田中耕太郎』大空社、1997年
『中央公論社七十年史』中央公論社、1955年
『中央公論社の八十年』中央公論社、1965年
塚本虎二『聖書知識』97号、1938年1月
『帝国大学新聞』1937年11月29日、同年12月6日
デーヴィス、ナタリー・Z『帰ってきたマルタン・ゲール——16世紀フランスのにせ亭主騒動』成瀬駒男訳、平凡社ライブラリー、1993年
寺崎昌男『増補版　日本における大学自治制度の成立』評論社、2000年
照沼康孝・中野実編「長与又郎日記　昭和十二年十月－十二月」『東京大学史紀要』第4号、1983年7月、27-64頁
『東京朝日新聞』1937年11月25日朝刊、同27日朝刊、12月2日夕刊、同3日朝刊
「東京大学経済学部における研究・教育体制の発展（座談会）」東京大学経済学部編『東京大学経済学部五十年史』東京大学出版会、1976

大河内一男『暗い谷間の自伝』中公新書、1979年
大島清『高野岩三郎伝』岩波書店、1968年
荻野富士夫『特高警察関係資料解説』不二出版、1995年
――『思想検事』岩波新書、2000年
――『戦前文部省の治安機能』校倉書房、2007年
――『特高警察』岩波新書、2012年
小高健編『長與又郎日記　近代化を推進した医学者の記録』上下、学会出版センター、2001-02年
小野雅章「国体明徴運動と教育政策」『教育学雑誌』33、1999年、45-62頁
大日方純夫「特高警察」『岩波講座 日本歴史』第18巻 近代3、岩波書店、1994年、305-320頁
掛川トミ子『現代史資料42―思想統制』みすず書房、1976年
片山杜秀『近代日本の右翼思想』講談社選書メチエ、2007年
加藤節『南原繁――近代日本と知識人』岩波新書、1997年
金田隆一『戦時下キリスト教の抵抗と挫折』新教出版社、1985年
カーネマン、ダニエル『ファスト&スロー――あなたの意思はどのように決まるか？』上下、村井章子訳、早川書房、2012年
鴨下重彦・木畑洋一・池田信雄・川中子義勝編『矢内原忠雄』東京大学出版会、2011年
『河合栄治郎――伝記と追想』（河合栄治郎全集・別巻）社会思想研究会出版部、1952年
ギアーツ、クリフォード『文化の解釈学』吉田禎吾・中牧弘允・柳川啓一・板橋作実訳、岩波書店、1987年
菊川美代子「政池仁の非戦論」『アジア・キリスト教・多元性』第9号、2011年、17-30頁
木戸日記研究会『木戸幸一日記』上下、東京大学出版会、1966年
ギンズブルグ、カルロ『チーズとうじ虫　16世紀の一粉挽屋の世界像』杉山光信訳、みすず書房、2012年
久保義三『昭和教育史　天皇制と教育の史的展開』新版、東信堂、2006年
黒崎幸吉『永遠の生命』143号、1938年1月
駒込武・河村肇・奈須恵子編『戦時下学問の統制と動員　日本諸学振興委員会の研究』東京大学出版会、2011年
佐藤観次郎『編集長の回想』東京書房、1958年
佐藤卓己『「キング」の時代――国民大衆雑誌の公共性』岩波書店、

主要参考文献

本書で直接・間接に言及した文献のみを掲げる。
なお、矢内原忠雄の著作は、本書ではすべて以下の全集による。
『矢内原忠雄全集』全29巻、岩波書店、1963-65年

日本語文献

朝河貫一『日本の禍機』講談社学術文庫、1987年
雨宮庸蔵『偲ぶ草――ジャーナリスト六十年』中央公論社、1988年
家永三郎『大学の自由の歴史』塙書房、1962年
伊ヶ崎暁生『学問の自由と大学の自治』三省堂、2001年
石原兵永・伊藤祐之・政池仁「座談会　あの頃のこと」オカノ・ユキオ編『資料　戦時下無教会主義者の証言』キリスト教夜間講座出版部、1973年、850-872頁
伊藤隆・百瀬孝『事典 昭和戦前期の日本――制度と実態』吉川弘文館、1990年
伊藤祐之『忘れえぬ人々』待晨堂、1968年
井上義和『日本主義と東京大学　昭和期学生思想運動の系譜』柏書房、2008年
巌谷大四「明治・大正・昭和 出版文化を開拓した人々 6 瀧田樗陰と嶋中雄作」『総合ジャーナリズム研究』6、1968年、118-124頁
植村和秀『「日本」への問いをめぐる闘争　京都学派と原理日本社』柏書房、2007年
――『昭和の思想』講談社選書メチエ、2010年
――「『国体の本義』」『岩波講座日本の思想』第2巻「場と器」岩波書店、2013年、297-309頁
潮木守一『ドイツの大学――文化史的考察』講談社学術文庫、1992年
内川芳美編『現代史資料41―マス・メディア統制2』みすず書房、1975年
大内兵衛『経済学五十年』東京大学出版会、1959年
――『私の履歴書』河出書房、1975年
大河原礼三『矢内原事件五〇年』木鐸社、1982年

1958／昭和33 (65)	３月,『私の歩んできた道』を東京大学出版会から刊行	
1961／昭和36 (68)	12月25日, 死去	

矢内原事件関連年表

1939／昭和14(46)	1月，「土曜学校」開講 1～5月「思ひで」『葡萄』に連載 2月，「経済学部の問題」『嘉信』に発表	1月，平賀粛学（河合・土方両教授を休職処分） 1～2月，津田左右吉事件（著作が発売禁止，早稲田大学教授を辞職） 2月，河合栄治郎，出版法違反で起訴される
1940／昭和15(47)	5月，『余の尊敬する人物』を岩波書店より刊行	5月，内閣情報部に新聞雑誌用紙統制委員会設置を決定 12月，内閣情報局設置
1941／昭和16(48)		12月，太平洋戦争勃発
1942／昭和17(49)		横浜事件（～45年）
1944／昭和19(51)		1月，『改造』『中央公論』の編集者検挙．のち両雑誌，廃刊 2月，河合栄治郎，死去
1945／昭和20(52)	11月，東京帝大経済学部教授に復帰 12月，「戦の跡」『嘉信』に発表	8月，日本，ポツダム宣言受諾 12月，南原繁，東京帝大総長に就任
1946／昭和21(53)	8月，東京帝大社会科学研究所所長に就任	1月，天皇人間宣言 同月，蓑田胸喜自殺
1947／昭和22(54)		5月，日本国憲法施行 10月，東京帝国大学，東京大学と改称される
1948／昭和23(55)	10月，東京大学経済学部長に就任	
1949／昭和24(56)	5月，東大教養学部長に就任	
1951／昭和26(58)	12月，東大総長に選出される	12月南原繁，東大総長を退任
1957／昭和32(64)	12月，東大総長を退任	

	12月１日，長与総長に辞表提出，東京帝大経済学部教授会にて辞職を表明 12月２日，最終講義 12月４日，東京帝国大学教授退官の辞令を受ける．東京帝大図書館に研究室移転	11月27日，『東京朝日新聞』が経友会問題に関連して「内務省重大視，今後意外の波及か」と報道 11月30日，長与又郎東京帝大総長，木戸文相，伊東事務次官らと面談．長与，矢内原辞職を決定 同日，８月の大山聖書講習会に参加したある少女が警察の取り調べを受ける 12月，伊藤祐之，家宅捜索を受ける 12月15日，人民戦線事件
1938／昭和13 (45)	１月，『嘉信』創刊 ２月，『帝国主義下の台湾』『満洲問題』の出版社岩波書店，当局より自発的増刷中止の指示を受ける ２月21日，警視庁に出頭を命じられる ３月16日，出版法・新聞紙法違反に問われる ７月21・22日，検事局に出頭，８時間半にわたり訊問を受ける 10月，新渡戸稲造『武士道』を翻訳，岩波書店より刊行 11月，クリスティーの訳書『奉天三十年』を岩波書店より刊行（岩波新書の創刊）	１月，菅野司郎「大学騒動楽屋話」『中央公論』に発表 同月，土方成美「時局と大学」『中央公論』に発表 同月，本位田祥男「時局と大学」『改造』に発表 同月，永野正「仕事場を固めよ」発表 同月，三木清「大学の権威」『文藝春秋』に発表 ２月１日，教授グループ事件 ３月，土方成美，東京帝大経済学部長を辞任 ４月，石川達三『生きている兵隊』事件 同月，関口泰「帝国大学の問題」『中央公論』に発表 同月，堀川直義「戦時学界風景」『中央公論』に発表 ５月，伊藤祐之，検事局で取り調べを受ける ６月，伊藤祐之，不起訴処分となる ９月，堀川直義「大学自治異変」『中央公論』に発表 12月，長与又郎東京帝大総長が退任，平賀譲が総長就任

	同月，「植民地再分割問題」『婦人之友』に発表 6月，『民族と平和』岩波書店より刊行	同月，二・二六事件 3月，土方成美，東京帝大経済学部長を退任，河合栄治郎が学部長に就任 6月，伊東延吉，文部省専門学務局長就任 7月（内閣）情報委員会設置 11月，日独防共協定調印
1937／昭和12（44）	1月，「大陸政策の再検討」『報知新聞』に発表 2月，「支那問題の所在」『中央公論』に発表 8月10日，論文「国家の理想」脱稿，中央公論社の編集者に渡す 8月11日～9月3日，甲信・山陰・山陽・四国・関西・中部講演旅行 8月17日，講演「国家の理想」於米子 同月，「国家の理想」『中央公論』に発表，「国家の理想」全文削除処分となる 10月1日，講演「神の国」藤井武第七周年記念講演会 11月7日，塚本虎二と14日の講演会についての打ち合わせ 11月9日，警察からの問い合わせに回答 11月10日，『通信』10月号発禁，碑文谷警察より残部押収に自宅来訪 11月12日，警視庁刑事二名自宅来訪 11月13日，碑文谷の特高来訪 11月14日，講演「神の国に就て」丸の内明治生命館 11月24日，東京帝大経済学部教授会 11月30日，長与総長に陳謝状を提出	1月，蓑田胸喜「矢内原忠雄氏の神話思想と時事批判との不実無根」『原理日本』に発表 3月，河合栄治郎，東京帝大経済学部長を退任，土方成美が学部長に再任 同月，『国体の本義』刊行 6月，第一次近衛内閣発足 同月，伊東延吉文部事務次官就任 7月，盧溝橋事件 同月，文部省教学局設置 9月，内閣情報部設置 10月，北海道夕張で，渡辺清光が非戦思想のため留置される 同月，札幌の浅見仙作の個人雑誌『喜の音』発禁処分を受け，浅見は新聞紙法違反で，罰金50円を科せられる 11月1日，蓑田胸喜，三井甲之『真理と戦争』（原理日本社）刊行 同月，金沢常雄『信望愛』発禁処分，金沢は警察と検事局の取り調べを受ける 同月，伊藤祐之『新シオン』発禁処分 11月3日，明治節 11月25日，『東京朝日新聞』が，東京帝大経済学部「時局に献策」と報道

1930／昭和５ (37)		３月，内村鑑三死去 ７月，藤井武死去
1931／昭和６ (38)	２月，『藤井武全集』刊行開始	９月，満州事変
1932／昭和７ (39)	２月，『藤井武全集』完結 ４月，「社会改革と宗教改革１～５」『読売新聞』に発表 ８月26日～９月21日，満州国視察旅行 11月，「満洲見聞談－昭和７年８～９月－」『改造』に発表 同月，『通信』創刊	５月，五・一五事件 ９月，日本が満州国を承認
1933／昭和８ (40)	１月，「日本精神の懐古的と前進的」『理想』に発表 ６月，「南洋委任統治論」『中央公論』に発表	２月，国際連盟，満州国不承認 ３月，日本，国際連盟脱退 同月，吉野作造死去 ４月，土方成美，東京帝大経済学部長に就任 ５月，京大滝川事件 10月，新渡戸稲造死去
1934／昭和９ (41)	４月，「民族と平和」『中央公論』に発表	12月，長与又郎，東京帝大総長に選出される
1935／昭和10 (42)	１月，「マルサスと現代」『改造』に発表 ２月，「日満経済ブロック」『婦人之友』に発表 ３月，「宗教と科学と政治」『中央公論』に発表 11月，「伊エ戦争と世界平和」『改造』に発表 同月，「新渡戸先生を憶ふ」『中央公論』に発表	２月，美濃部達吉，天皇機関説事件
1936／昭和11 (43)	１月，「真理と戦争」『中央公論』に発表 ２月，「植民地再分割論」『東京朝日新聞』に発表 ６月，「南洋政策を論ず」『改造』に発表	２月，蓑田胸喜「明治天皇御製・軍人勅諭を拝誦し孫子・クラウゼウィッチを対比して思想戦備完成焼〔焦〕眉の急務を論ず」『原理日本』に発表

	・英・独への留学に出発 12月3日，ロンドン着	
1921／大正10 (28)	7月，『基督者の信仰』聖書之研究社より刊行 9月13日，ベルリン着	6月，土方成美，東京帝大経済学部教授就任
1922／大正11 (29)	8月29日，パリ着	
1923／大正12 (30)	1月，ワシントン着 1月23日，サンフランシスコ出帆 2月9日，横浜到着，信濃町慶應病院に愛子夫人を見舞う 2月26日，愛子夫人死去 3月，法学部で植民政策授業担当 8月30日，東京帝大経済学部教授就任	9月1日，関東大震災
1924／大正13 (31)	1月，『植民政策講義案』有斐閣より刊行 6月，堀恵子と再婚 9月30日～10月29日，朝鮮・満州調査旅行	
1925／大正14 (32)	3月，三男勝誕生	10月，滝田樗陰死去
1926／大正15 ／昭和元(33)	6月，『植民及植民政策』有斐閣より刊行，「朝鮮統治方策」『中央公論』に発表	2月，河合栄治郎，東京帝大経済学部教授就任
1927／昭和2 (34)	2月，『植民政策の新基調』弘文堂より刊行 3月18日～5月26日，台湾調査旅行	12月，『労農』創刊
1928／昭和3 (35)	2月，『人口問題』岩波書店より刊行	嶋中雄作，中央公論社社長就任 3月，共産党弾圧で1,568人検挙
1929／昭和4 (36)	10月，『帝国主義下の台湾』岩波書店より刊行	

矢内原事件関連年表

この年表の作成にあたっては『矢内原忠雄全集』第29巻巻末の年表を参照している。ここに掲載した事項は本文に直接関係のある事柄にとどめた。

年次 (矢内原の年齢)	矢内原の生涯と著作	周辺事情
1893／明治26	1月27日，生誕	
1910／明治43 (17)	9月，第一高等学校一部甲類入学	
1911／明治44 (18)	10月，内村鑑三の聖書研究集会に入門	
1912／明治45 ／大正元(19)		嶋中雄作，中央公論社に入社 滝田樗陰，『中央公論』編集主幹に就任
1913／大正2 (20)	7月，第一高等学校卒業 9月，東京帝国大学法科大学入学	
1917／大正6 (24)	3月，東京帝国大学法科大学政治学科卒業 4月，住友総本店入社 5月，西永愛子と結婚	
1918／大正7 (25)	5月，長男伊作誕生	
1919／大正8 (26)		4月，山本実彦の改造社，『改造』創刊 同月，東京帝国大学経済学部発足，新渡戸稲造が植民政策講座を担当 10月，高野岩三郎，東京帝大経済学部教授を辞職
1920／大正9 (27)	3月，住友を辞職，東京帝大経済学部助教授に就任 7月，次男光雄誕生 10月14日，2年間の予定で米	1月，森戸事件 同月，国際連盟成立 5月，新渡戸稲造，国際連盟事務局事務次長就任

将基面貴巳（しょうぎめん・たかし）

1967年生まれ．シェフィールド大学大学院歴史学博士課程修了（Ph.D.）．ケンブリッジ大学クレア・ホールのリサーチフェロー，オタゴ大学人文学部歴史学科専任講師などを経て，現在，オタゴ大学人文学部歴史学科准教授，人文学部副学部長（研究担当）を兼任．専攻は政治思想史．

著書『反「暴君」の思想史』（平凡社新書，2002年）
『政治診断学への招待』（講談社選書メチエ，2006年）
Ockham and Political Discourse in the Late Middle Ages（Cambridge University Press, 2007）
Western Political Thought in Dialogue with Asia（共編著，Lexington Books, 2008）
『ヨーロッパ政治思想の誕生』（名古屋大学出版会，2013年，第35回サントリー学芸賞受賞）
Visions of Peace: Asia and the West（共編著, Ashgate, 2014）

言《げん》論《ろん》抑《よく》圧《あつ》
中公新書 *2284*

2014年9月25日発行

著　者　将基面貴巳
発行者　大橋善光

本文印刷　三晃印刷
カバー印刷　大熊整美堂
製　　本　小泉製本

発行所　中央公論新社
〒104-8320
東京都中央区京橋 2-8-7
電話　販売 03-3563-1431
　　　編集 03-3563-3668
URL http://www.chuko.co.jp/

Published by CHUOKORON-SHINSHA, INC.
Printed in Japan　ISBN978-4-12-102284-4 C1221

中公新書刊行のことば

いまからちょうど五世紀まえ、グーテンベルクが近代印刷術を発明したとき、書物の大量生産は潜在的可能性を獲得し、いまからちょうど一世紀まえ、世界のおもな文明国で義務教育制度が採用されたとき、書物の大量需要の潜在性が形成された。この二つの潜在性がはげしく現実化したのが現代である。

いまや、書物によって視野を拡大し、変りゆく世界に豊かに対応しようとする強い要求を私たちは抑えることができない。この要求にこたえる義務を、今日の書物は背負っている。だが、その義務は、たんに専門的知識の通俗化をはかることによって果たされるものでもなく、通俗的好奇心にうったえて、いたずらに発行部数の巨大さを誇ることによって果たされるものでもない。現代を真摯に生きようとする読者に、真に知るに価いする知識だけを選びだして提供すること、これが中公新書の最大の目標である。

私たちは、知識として錯覚しているものによってしばしば動かされ、裏切られる。私たちは、作為によってあたえられた知識のうえに生きることがあまりに多く、ゆるぎない事実を通して思索することがあまりにすくない。中公新書が、その一貫した特色として自らに課すものは、この事実のみの持つ無条件の説得力を発揮させることである。現代にあらたな意味を投げかけるべく待機している過去の歴史的事実もまた、中公新書によって数多く発掘されるであろう。

中公新書は、現代を自らの眼で見つめようとする、逞しい知的な読者の活力となることを欲している。

一九六二年一一月

宗教・倫理

b1

中公新書

日本史

d1

2189 歴史の愉しみ方 磯田道史
1617 歴代天皇総覧 笠原英彦
1928 物語 京都の歴史 脇田修 脇田晴子
482 倭国 岡田英弘
147 騎馬民族国家(改版) 江上波夫
2164 魏志倭人伝の謎を解く 渡邉義浩
1085 古代朝鮮と倭族 鳥越憲三郎
1878 古事記の起源 工藤隆
2157 古事記誕生 工藤隆
2211 古事記の宇宙《コスモス》—神と自然 千田稔
2095 『古事記』神話の謎を解く 西條勉
2230 言霊とは何か 佐佐木隆
1490 古地図からみた古代日本 金田章裕
804 蝦夷(えみし) 高橋崇
1041 蝦夷《えみし》の末裔 高橋崇

1622 奥州藤原氏 高橋崇
1293 壬申の乱 遠山美都男
1568 天皇誕生 遠山美都男
2038 天平の三姉妹 遠山美都男
1779 伊勢神宮—東アジアのアマテラス 千田稔
1607 飛鳥—水の王朝 千田稔
2168 飛鳥の木簡—古代史の新たな解明 市大樹
1940 平城京遷都 千田稔
291 神々の体系 上山春平
1502 日本書紀の謎を解く 森博達
1802 古代出雲への旅 関和彦
1967 正倉院 杉本一樹
2054 正倉院文書の世界 丸山裕美子
1003 平安朝の母と子 服藤早苗
1240 平安朝の女と男 服藤早苗
1844 陰陽師(おんみょうじ) 繁田信一
1867 院政 美川圭

2281 怨霊とは何か 山田雄司
608 613 中世の風景(上下) 阿部謹也・網野善彦・石井進・樺山紘一
1503 古文書返却の旅 網野善彦
1392 中世都市鎌倉を歩く 松尾剛次
1944 中世の東海道をゆく 榎原雅治
48 山伏 和歌森太郎
2127 河内源氏 元木泰雄

中公新書

日本史

d2

1521 後醍醐天皇 森 茂暁
776 室町時代 脇田晴子
2179 足利義満 小川剛生
978 室町の王権 今谷 明
1983 戦国仏教 湯浅治久
1872 信玄の戦略 柴辻俊六
2058 日本神判史 清水克行
2139 贈与の歴史学 桜井英治
1625 織田信長合戦全録 谷口克広
1782 信長軍の司令官 谷口克広
1907 信長と消えた家臣たち 谷口克広
1453 信長の親衛隊 谷口克広
2278 信長と将軍義昭 谷口克広
1809 戦国時代の終焉 齋藤慎一
2084 戦国武将の手紙を読む 小和田哲男

784 豊臣秀吉 小和田哲男
2146 秀吉と海賊大名 藤田達生
2265 天下統一 藤田達生
2264 細川ガラシャ 安 廷苑
2241 黒田官兵衛 諏訪勝則
642 関ヶ原合戦 二木謙一
476 江戸時代 大石慎三郎
870 江戸時代を考える 辻 達也
2273 江戸幕府と儒学者 揖斐 高
2080 江の生涯 福田千鶴
1227 保科正之(ほしな まさゆき) 中村彰彦
1817 島原の乱 神田千里
740 元禄御畳奉行の日記 神坂次郎
1945 江戸城―本丸御殿と幕府政治 深井雅海
1073 江戸城御庭番 深井雅海
1703 武士と世間 山本博文
883 江戸藩邸物語 氏家幹人

2079 武士の町 大坂 藪田 貫
1788 御家騒動 福田千鶴
1803 足軽目付犯科帳 高橋義夫
1099 江戸文化評判記 中野三敏
1886 写楽 中野三敏
853 遊女の文化史 佐伯順子
1629 逃げる百姓、追う大名 宮崎克則
929 江戸の料理史 原田信男

中公新書

日本史

d3

2107 近現代日本を史料で読む　御厨 貴編
1621 吉田松陰　田中 彰
163 大君の使節　芳賀 徹
1710 オールコックの江戸　佐野真由子
2047 オランダ風説書　松方冬子
397 徳川慶喜（増補版）　松浦 玲
2040 鳥羽伏見の戦い　野口武彦
1673 幕府歩兵隊　野口武彦
1840 長州戦争　野口武彦
1666 長州奇兵隊　一坂太郎
1619 幕末の会津藩　星 亮一
1958 幕末維新と佐賀藩　毛利敏彦
1754 幕末歴史散歩 東京篇　一坂太郎
1811 幕末歴史散歩 京阪神篇　一坂太郎
2268 幕末維新の城　一坂太郎

60 高杉晋作　奈良本辰也
69 坂本龍馬　池田敬正
1773 新選組　大石 学
455 戊辰戦争　佐々木 克
1554 脱藩大名の戊辰戦争　中村彰彦
2256 ある幕臣の戊辰戦争　中村彰彦
1235 奥羽越列藩同盟　星 亮一
1728 会津落城　星 亮一
2108 大鳥圭介　星 亮一
840 江藤新平（増訂版）　毛利敏彦
190 大久保利通　毛利敏彦
1033 王政復古　井上 勲
1849 明治天皇　笠原英彦
2011 皇族　小田部雄次
1836 華族　小田部雄次
2051 伊藤博文　瀧井一博
2103 谷 干城　小林和幸

561 明治六年政変　毛利敏彦
1569 福沢諭吉と中江兆民　松永昌三
1316 戊辰戦争から西南戦争へ　小島慶三
1927 西南戦争　小川原正道
1584 東北―つくられた異境　河西英通
1889 続・東北―異境と原境のあいだ　河西英通
252 ある明治人の記録　石光真人編著
161 秩父事件　井上幸治
2270 日清戦争　大谷 正
1792 日露戦争史　横手慎二
2141 小村寿太郎　片山慶隆
2210 黄禍論と日本人　飯倉 章
2162 桂 太郎　千葉 功
181 高橋是清　大島 清
2161 高橋由一―日本洋画の父　古田 亮
2269 日本鉄道史 幕末・明治篇　老川慶喜

中公新書

現代史

- 2105 昭和天皇　古川隆久
- 2212 近代日本の官僚　清水唯一朗
- 765 日本の参謀本部　大江志乃夫
- 632 海軍と日本　池田　清
- 881 後藤新平　北岡伸一
- 2192 政友会と民政党　井上寿一
- 377 満州事変　臼井勝美
- 1138 キメラ―満洲国の肖像（増補版）　山室信一
- 40 馬　賊　渡辺龍策
- 1232 軍国日本の興亡　猪木正道
- 2144 昭和陸軍の軌跡　川田　稔
- 76 二・二六事件（増補改版）　高橋正衛
- 2059 外務省革新派　戸部良一
- 1951 広田弘毅　服部龍二
- 1532 新版　日中戦争　臼井勝美

- 795 南京事件（増補版）　秦　郁彦
- 84 90 太平洋戦争（上下）　児島　襄
- 244 248 東京裁判（上下）　児島　襄
- 1307 日本海軍の終戦工作　纐纈　厚
- 2119 外邦図―帝国日本のアジア地図　小林　茂
- 2015 「大日本帝国」崩壊　加藤聖文
- 2175 残留日本兵　林　英一
- 2060 原爆と検閲　繁沢敦子
- 1459 巣鴨プリズン　小林弘忠
- 828 清沢《きよさわ》洌《きよし》（増補版）　北岡伸一
- 2171 治安維持法　中澤俊輔
- 1759 言論統制　佐藤卓己
- 1711 徳富蘇峰　米原　謙
- 2046 内奏―天皇と政治の近現代　後藤致人
- 1243 石橋湛山　増田　弘
- 2186 田中角栄　早野　透
- 1976 大平正芳　福永文夫

- 1574 海の友情　阿川尚之
- 1875 「国語」の近代史　安田敏朗
- 2075 歌う国民　渡辺　裕
- 1804 戦後和解　小菅信子
- 1900 「慰安婦」問題とは何だったのか　大沼保昭
- 1990 「戦争体験」の戦後史　福間良明
- 1820 丸山眞男の時代　竹内　洋
- 2237 四大公害病　政野淳子
- 1821 安田講堂 1968-1969　島　泰三
- 2110 日中国交正常化　服部龍二
- 2137 国家と歴史　波多野澄雄
- 2150 近現代日本史と歴史学　成田龍一
- 2196 大原孫三郎―善意と戦略の経営者　兼田麗子
- 2284 言論抑圧　将基面貴巳

現代史

2055	国際連盟	篠原初枝
27	ワイマル共和国	林 健太郎
478	アドルフ・ヒトラー	村瀬興雄
2272	ヒトラー演説	高田博行
1943	ホロコースト	芝 健介
2266	アデナウアー	板橋拓己
2274	スターリン	横手慎二
530	チャーチル（増補版）	河合秀和
1415	フランス現代史	渡邊啓貴
2221	バチカン近現代史	松本佐保
1959	韓国現代史	木村 幹
1650	韓国大統領列伝	池 東旭
1762	韓国の軍隊	尹 載善
2262	先進国・韓国の憂鬱	大西 裕
2216	北朝鮮―変貌を続ける独裁国家	平岩俊司
1763	アジア冷戦史	下斗米伸夫
1876	インドネシア	水本達也
2143	経済大国インドネシア	佐藤百合
1596	ベトナム戦争	松岡 完
941	イスラエルとパレスチナ	立山良司
2112	パレスチナ―聖地の紛争	船津 靖
2236	エジプト革命	鈴木恵美
1664 1665	アメリカの20世紀（上下）	有賀夏紀
1937	アメリカの世界戦略	菅 英輝
1992	マッカーサー	増田 弘
1920	ケネディ―「神話」と実像	土田 宏
2244	ニクソンとキッシンジャー	大嶽秀夫
2140	レーガン	村田晃嗣
1863	性と暴力のアメリカ	鈴木 透
2163	人種とスポーツ	川島浩平

中公新書 1886

政治・法律

h2

108 国際政治 高坂正堯
1686 国際政治とは何か 中西寛
2190 国際秩序 細谷雄一
1106 国際関係論 中嶋嶺雄
2114 世界の運命 ポール・ケネディ 山口瑞彦訳
1899 国連の政治力学 北岡伸一
2207 平和主義とは何か 松元雅和
2195 入門 人間の安全保障 長有紀枝
2133 文化と外交 渡辺靖
113 日本の外交 入江昭
1000 新・日本の外交 入江昭
1825 北方領土問題 岩下明裕
2068 ロシアの論理 武田善憲
1727 ODA(政府開発援助) 渡辺利夫 三浦有史
1751 拡大ヨーロッパの挑戦(増補版) 羽場久美子
2172 中国は東アジアをどう変えるか 白石隆 ハウ・カロライン
2106 メガチャイナ 読売新聞中国取材団
2215 戦略論の名著 野中郁次郎編著
700 戦略的思考とは何か 岡崎久彦
721 地政学入門 曽村保信
1272 アメリカ海兵隊 野中郁次郎
1601 軍事革命(RMA) 中村好寿

芸術

1741 美学への招待 佐々木健一
2072 日本的感性 佐々木健一
1296 美の構成学 三井秀樹
1220 書とはどういう芸術か 石川九楊
2020 書く—言葉・文字・書 石川九楊
2014 ヨーロッパの中世美術 浅野和生
1938 カラー版 フランス・ロマネスクへの旅 池田健二
1994 カラー版 イタリア・ロマネスクへの旅 池田健二
2102 カラー版 スペイン・ロマネスクへの旅 池田健二
118 フィレンツェ 高階秀爾
385 386 近代絵画史(上下) 高階秀爾
2052 印象派の誕生 吉川節子
2094 シュルレアリスム 酒井 健
1781 マグダラのマリア 岡田温司
1879 処女懐胎 岡田温司
1998 キリストの身体 岡田温司
2188 アダムとイヴ 岡田温司
2232 ミケランジェロ 木下長宏
1988 日本の仏像 長岡龍作
1993 早世の天才画家 酒井忠康
1827 カラー版 絵の教室 安野光雅
1794 東京美術骨董繁盛記 奥本大三郎
1103 モーツァルト H・C・ロビンズ・ランドン 石井 宏訳
1585 オペラの運命 岡田暁生
1816 西洋音楽史 岡田暁生
2009 音楽の聴き方 岡田暁生
1735 漱石が聴いたベートーヴェン 瀧井敬子
1962 大衆音楽史 森 正人
1477 銀幕の東京 川本三郎
2136 銀幕の銀座 川本三郎
1616 映画の真実 佐藤忠男
1854 映画館と観客の文化史 加藤幹郎
1975 ナチスと映画 飯田道子
1946 フォト・リテラシー 今橋映子
2247 2248 日本写真史(上下) 鳥原 学